U0538671

文創的法則

陳智凱、邱詠婷／著

36 ideas to learn
in cultural & creative industries

Chih-Kai Chen PhD
Yung-Teen Chiu PhD

東華書局

陳智凱｜國立臺北教育大學文化創意產業經營學系所教授

國立臺灣大學國際企業學博士，曾任行政院院長室諮議、中山醫學大學專任及臺灣藝術大學等校兼任助理教授。出版《哄騙－精神分裂》等書籍十餘冊，SSCI等國內外期刊、報章評論及政策文稿四百餘篇。

邱詠婷｜國立臺北教育大學文化創意產業經營學系所副教授

國立臺灣大學建築城鄉學博士，美國加州柏克萊大學建築與都市景觀學士碩士 March，曾任國立臺北教育大學通識中心主任，實踐大學專任及臺北醫學大學、中原大學等校兼任助理教授。出版《空凍》等書籍並獲國家圖書館推薦為2014年度重要選書。

複雜來自於矛盾

[簽名]
2015.9

感動來自於純粹

[簽名] 邱詠婷
2015.9

目錄
CONTENTS

序論 ... 008

PART 1 策略

1　反幻覺 ... 011
2　反穿越 ... 013
3　反長尾 ... 015
4　靈媒和臥底 ... 017
5　不同媒體轉換 ... 019
6　卡桑德拉詛咒 ... 021
7　巴別塔神話 ... 023
8　非主流是未來主流 ... 025
9　完全競爭是場幻覺 ... 027
10　衍生市場效應 ... 029
11　半公共財特質 ... 031
12　進入障礙門檻 ... 033
13　非標準化顛覆 ... 035
14　富豪和漁夫 ... 037
15　大眾都是媒體 ... 039
16　價值是節點平方 ... 041
17　文本媒體匯流 ... 043
18　閱聽極大化 ... 045
19　剩餘極小化 ... 047
20　大量發行策略 ... 049
21　智財權交易所 ... 051
22　夢境溶解清醒 ... 053
23　反對黨執政症候 ... 055
24　節目用來干擾廣告 ... 057
25　出路是迷路 ... 059
26　開始動手的廢墟 ... 061
27　彼得堡矛盾 ... 063
28　不可預測的表演 ... 065
29　壓縮是延展 ... 067

30	人潮反高潮 ... 069	6	寧靜 ... 101
31	經典是連續暢銷 ... 071	7	驅魔 ... 105
32	心理需要地理歸屬 ... 073	8	離開 ... 107
33	不同時空轉換 ... 075	9	閱讀 ... 111
34	藝術文化針灸 ... 077	10	正義 ... 115
35	去管制是更高階的管制 ... 079	11	存在 ... 119
36	複雜來自於矛盾 ... 081	12	曖昧 ... 125
		13	空凍 ... 129
		14	鄉愁 ... 131

PART 2　轉換，

		15	馬車 ... 135
1	對望 ... 085	16	選擇 ... 139
2	回首 ... 087		
3	幻境 ... 091	延伸閱讀 ... 146	
4	遊盪 ... 093	插圖出處 ... 149	
5	遊戲 ... 097		

序論

現代的世界叫作速度和方位，時空壓縮讓人從起點直接進入終點，讓人無所不在卻又不在。讓人從任何地方出發，卻又不通往任何地方。

面對這個沒有存在感的時空，無論我們去了哪裡，其實好像哪裡都沒有去。所幸還有故事，讓我們可以透過文本，縱身時空大海，在不同媒體轉換的時空裡，和創作者與自我的靈魂進行鬼魅交涉，在這無聊的世界裡，創造充滿詩意的想像。讓人透過想像的張力在時空中延展，回到鄉愁的過去，連結美好的未來。

我們都活在必須不斷處理內外兩個世界，以及虛擬與真實之間的模糊曖昧。虛擬有時比真實更真。儘管我們用來解釋世界的神話、譬喻與寓言愈來愈少，但是我們也為自己創造了更多的符號，透過符號替我們在物質的世界中指引美好，填補內心的虛無。

或許事實根本一點也不重要了，事實像是一種毫無意義的人類範疇。反觀，故事才是我們的宗教。無論是過去真實或模擬的記憶，都為我們的思維和行動提供了擬真的劇本。文創，就是故事，讓人透過幻境找到真實，讓人透過想像的移動，停留在美好的感動！

Part 1

策略

010   *36 ideas to learn in cultural & creative industries*

1
反幻覺

幻覺（hallucination），是看見不存在；反幻覺（anti-hallucination），是看不見存在。

文創，是一場幻覺？夢想到火星攀岩？渴望到海底旅遊？現實等於自我禁錮，擬真朝向心智擴張。後現代的新世界是擬真的世界，擬真後要回歸的現實，是要脫離虛擬，還是脫離真實？還是透過虛擬找到真實。

後現代擬真的世界都是幻景，透過時空的再安置和濃縮，取代外在世界並與其分離，構成真實的時空，包括電影、表演藝術、主題樂園與線上遊戲都是典範，它不曾對擬真的真實提出質疑，而是讓人投入真實的態度、感動與體驗，重點是不讓人懷念真實！讓人透過幻境找到真實。文創，是一場反幻覺。

012   *36 ideas to learn in cultural & creative industries*

2
反穿越

穿越（transgression），是移動；反穿越（anti-transgression），是移動後的停留。

現實沒有義務而變得有趣，現實可以放棄那種義務，假說卻不能如此！故事提供一個異於科學的假說，一個連結過去和通往未來的窗口。如果閱聽是重建記憶和未來想像的技藝，無論是電影、音樂、線上遊戲、出版或是表演藝術，都是穿越故事的最佳媒體。

故事就是文創的宗教。透過故事讓人尋覓撫慰。閱聽造就靈魂支解，進行鬼魅交涉，除了創作者也包括閱聽者自己。閱聽，是一場非線性和持續詮釋的儀式。文本為了產生效果，語意經常晦暗與曖昧，抗拒任何的簡單扼要，並且經常指向消逝已久的過去或是遙不可及的目標。目標是距離的前奏，距離產生了誘惑，讓人透過持續的移動，移動只是為了停留，停留在一個美好的感動。文創，是一場反穿越。

014   *36 ideas to learn in cultural & creative industries*

3
反長尾

長尾理論強調，只有銷售曲線左端的少數產品可以暢銷，曲線右端的多數產品都被認為不具銷售力，但是隨著網際網路的崛起，99% 產品都有機會銷售，意即長尾的市場規模非常驚人，若將冷門產品市場加總，規模足以與暢銷產品抗衡。

不過，文創是反長尾，多數遵循 80：20 法則，意即二成的文本產品創造八成的總體收入，包括電影和出版等。少數的文本產品情況可能更糟，例如，暢銷的音樂所創造的總體收入，幾乎達到 98：2。

文創產品的生命週期穩定成長達到規模經濟之後，經常由少數大型集團掌控市場。不過，只有少數產品可以暢銷獲利，用來抵銷多數產品的滯銷虧損，包括電影、電視、音樂和數位遊戲都是如此。至於表演藝術若要獲利更是偏態，長期虧損則是常態。

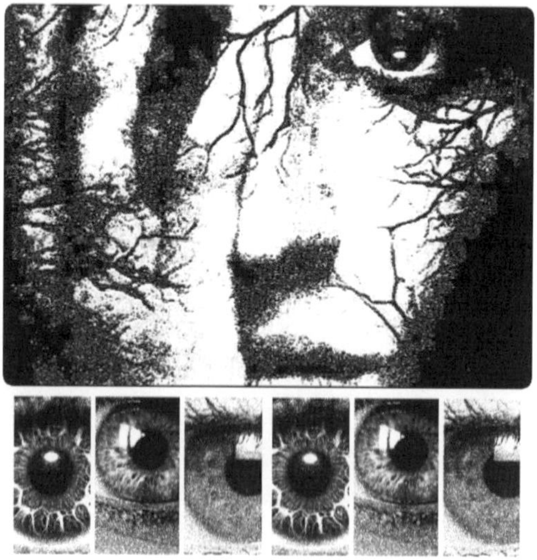

4
靈媒和臥底

文化和藝術追求的是優雅和美學,產業和市場追求的是效率和報酬。兩者的思維和運作邏輯高度互斥,一如光譜的兩端。弔詭的是,文創是試圖結合兩端的創新性矛盾。

複雜性,始終來自於矛盾的存在。如果聚焦於文化和藝術,可以為了藝術而藝術,因此長期的藝術不朽,更勝於短期的獲利報酬。反之,如果聚焦於產業和市場,不獲利則是最大的不道德,因此短期的模仿同形,更勝於長期的創新虧損。文創,是一個公開的隱藏矛盾。

因此,文創需要幾種出框人材:靈媒(medium)和臥底。

靈媒,是將文本的浪漫美學與優雅,透過經濟的邏輯與管理策略帶入市場。臥底,是將經濟的邏輯與管理策略,植入藝術與文本的浪漫創作過程中。

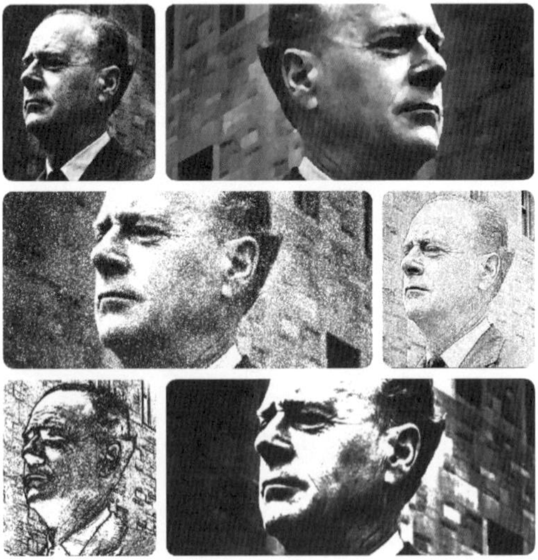

5
不同媒體轉換

後現代的短暫注意力不斷擴增,時空愈趨易變性、短暫性和壓縮性,時空劃分成為區塊,文本之間迅速轉換,並在不同媒體之間移轉。

若想了解電影、音樂、電視、出版、表演藝術或線上遊戲等,媒體評論先驅──麥克魯漢(McLuhan)曾經揭示一個有趣的媒體現象:「任何一種媒體內容,都會轉變為其他媒體形式。」亦即任何一種媒體,無論是電影、書籍、音樂、戲劇或是線上遊戲,其內容會彼此轉借、衍生和交流,如同電影取材自小說,小說靈感來自於音樂,例如,熱門小說《移動迷宮》(*Maze Runner*)和電玩遊戲《古墓奇兵》(*Rise of the Tomb Raider*)分別被改拍成為暢銷電影。動畫《獅子王》(*The Lion King*)變成了電玩遊戲;而電玩遊戲《真人快打》(*Mortal Combat*)最後則成為一部電影。百老匯舞台劇《歌劇魅影》(*The Phantom of the Opera*)改編成為獲獎電影、電視偶像劇《來自星星的你》(*Byeoreseo On Geudae*)成功帶動區域觀光經濟;而現場演唱會是面對數位冷漠與音樂盜版的策略出路。

媒體擴展了人類感官,過去是身體延伸的外爆,當今是意識延伸的內爆,人類感官和神經中樞得以擴展至時空消弭。媒體既是連結,也是分離。

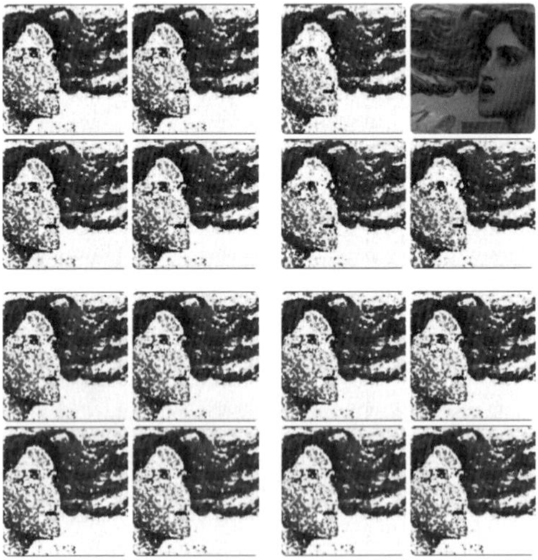

6
卡桑德拉詛咒

好萊塢實證經驗，十部電影之中，至少有六到七部，叫好但是不叫座，只有一部，勉強維持損益平衡。只是上述來自實證的精準預言，卻從來沒有人會相信，如同卡桑德拉（Cassandra）詛咒，絕大多數人對於未來悲觀的預測，經常予以駁斥。

事實上，電影市場是一個少數贏家，多數輸家的產業，外部投資者經常扮演最先投入但是最後回收的角色，風險極大！由於拍片成本經常失控激增，對於多數主流製片廠而言，負片及行銷成本與票房及授權收入經常失衡，兩者都與平均值存在極大落差。「溺斃於平均 15 公分的水深！」清楚指出電影沒有所謂的平均值（average）票房，主要收入經常仰賴少數賣座電影。無論影片類型、規模或是有無巨星，每部影片都是獨一無二，同樣面對多變的市場需求。因此，大製作大卡司經常慘賠，小成本小卡司反而殺出亮點！

由於觀眾偏好經常改變，導致電影票房經常呈現非常態分配。儘管如此，電影仍然保有獨特的魅力，某位知名電影劇作家曾經說過：「沒有任何一項事業如同電影，投入龐大的經費，產製一個無法保證人們會消費的產品。沒有任何一項事業，人們在消費之後，除了回憶之外，其他一無所有。」

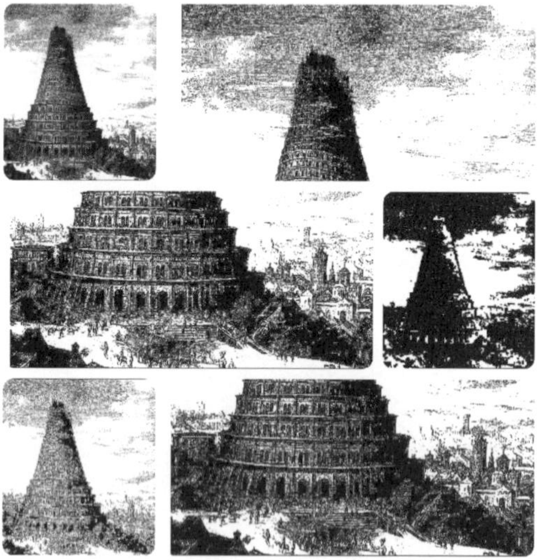

7
巴別塔神話

藝術和美學的最高道德是不受道德的框限，行銷和管理的最高道德則是全然的市場擁抱，兩者的思維和運作邏輯高度互斥，如同希臘神話巴別塔（Tower of Babel）一樣，因此導致彼此的互動更加混亂！

文創是一個文本創作的產業。長期以來，文本創意的浪漫情懷和自主始終受到尊崇，只是一旦進入市場邏輯，文本創作仍會受到創意經理、製作人和編輯等中間人的控管。若是不想任由組織科層來管理創意，委外交由獨立工作室進行創意製作，並且交由大型集團嚴密管控再製、通路、財務和行銷，不失為一項重要的平衡策略。

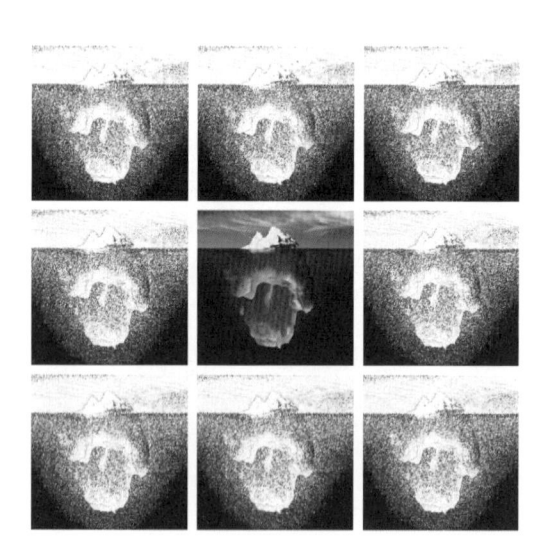

024 *36 ideas to learn in cultural & creative industries*

8
非主流是未來主流

任何的主流,過去都是非主流出身。

當系出邊陲的非主流顛覆了主流,發揮了典範移轉效應,創造出可期的市場價值,資本市場通常會立即滲透與吞食,於是非主流成了新的主流,而新的非主流叛逆也會伺機出現,等待下一波的資本市場收編,於是反覆著非約定的約定輪迴,進行一場公開的消解隱藏的真實反抗。

事實上,分類的界限只是一種定義的形式,定義的權力取決於定義者,不是被定義者,界限的存在產生了關注、興趣與重視。模糊界限可以打亂定義,改變界限可以創造新的定義。

無論如何,界限是人為的,是等著被推翻的,界限以外的世界才是延續的。

026   *36 ideas to learn in cultural & creative industries*

9
完全競爭是場幻覺

經濟學市場,完全競爭(perfect competition),代表市場存在生產同質產品但都無法影響市場價格的許多賣方。獨占(monopoly),代表市場存在生產獨特產品的單一賣方,可以自行決定市場價格,建立進入障礙阻止潛在競爭者。寡占(oligopoly),代表市場存在生產替代性產品的少數賣方,可以透過協商影響市場價格。獨占競爭(monopolistic competition),代表市場存在生產異質產品的許多賣方,可以透過廣告等策略控制市場價格和競爭。

完全競爭或自由市場,在文創上並不存在,例如,獨占如職業運動、有線電視與報紙;寡占如電影、音樂、賭場、主題公園;獨占競爭如出版、廣播電視、線上遊戲和表演藝術。質言之,經濟體系都是建構在競爭、租稅、契約與倫理等面向的龐大法律。

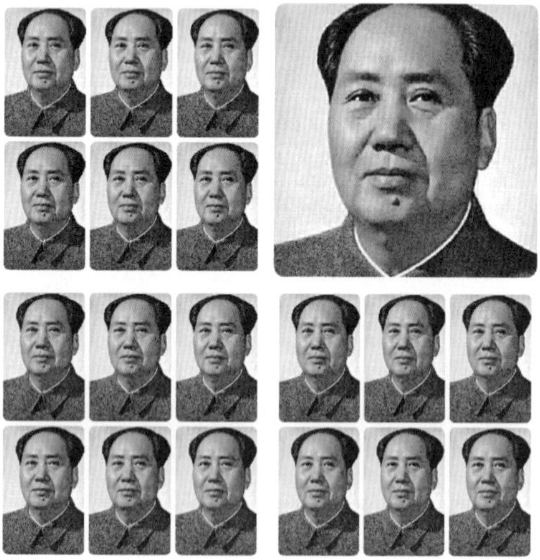

10
衍生市場效應

文創,就是不同媒體轉換。易言之,媒體轉換的潛台詞就是衍生市場。

儘管文創產品擁有沉沒成本的特質,意即期初經常必須投入並被假定無法回收的龐大資金,因此,後續增加的每單位邊際成本顯得微不足道,例如,龐大的電影製作費用和行銷成本,低廉的電影拷貝成本。不過,後續票房收入經常只夠沖銷上述直接成本,若要大幅提高獲利,經常取決於其他附屬和次級的衍生市場,透過差別訂價可以完全剝削不同需求彈性的消費族群,例如,電影主要收入經常不是來自於票房收入,而是 HBO 和 DVD 等附屬市場,至於衍生的授權商品還包括廣播電視、線上遊戲和小說等文本,都能創造龐大的額外收入。

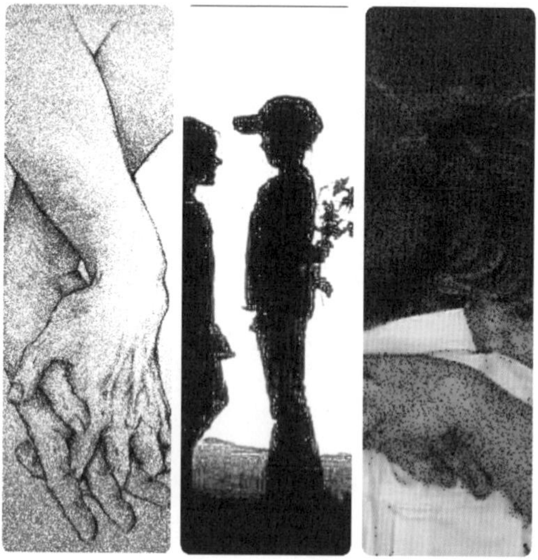

11
半公共財特質

經濟學的公共財概念,代表前人的消費不會減損後人的消費利益。

文創普遍上屬於無形文本,因此在消費上幾乎不會造成他人利益的減損,例如,出借或分享電影影片、音樂專輯或是暢銷小說,都不會改變他人的閱聽體驗,儘管許多產品皆以私有財的方式傳遞,不過,包括電影、音樂、電視、主題公園、運動節目等都具有公共財特質。

質言之,公共財代表每增加一位閱聽者,並無法確切的衡量增加了多少邊際成本。

此外,由於文創產品的再製成本相當低廉。因此,使用人為的手段來限制產品流通,創造稀有性以便增加價值。版權,是禁止人們自由複製文本,並且限制近用再製的流通機會,使複製變得更為困難。

UTOPYA
KM

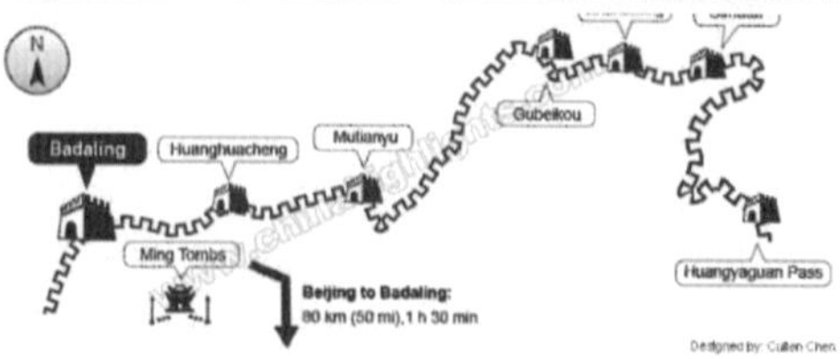
N
Badaling
Huanghuacheng
Mutianyu
Gubeikou
Ming Tombs
Huangyaguan Pass
Beijing to Badaling:
80 km (50 mi),1 h 30 min
Designed by: Cullen Chen

12
進入障礙門檻

如同其他產業一樣,當過了最初發展階段之後,資金成本經常成為無可避免的市場進入障礙。

大型集團經常壟斷文創市場,例如,電影和主題公園等都有產業寡占傾向。大型集團利於採取相應策略管理風險和極大化閱聽。例如,橫向購併其他類似組織的水平整合,可以降低對閱聽人及閱聽時間的市場競爭;向上購併文本製作公司,以及向下購併發行和通路等組織的垂直整合;多媒體整合的交叉宣傳、公關交際與送禮等收編(co-opt)策略。事實上,政府立法經常是造成市場進入門檻的關鍵,例如,各國對於賭場、廣播和有線電視經營,經常成為潛在競爭者無法排除的進入障礙。

儘管如此,集團化和整合化下的擴增未必導致同質化或標準化,文本的可能擴增也不代表可以提高多元化,或說可能是毫無意義的多重化。如同文創市場即使充斥了許多的媒體,然而,近用不代表有更多的感動。

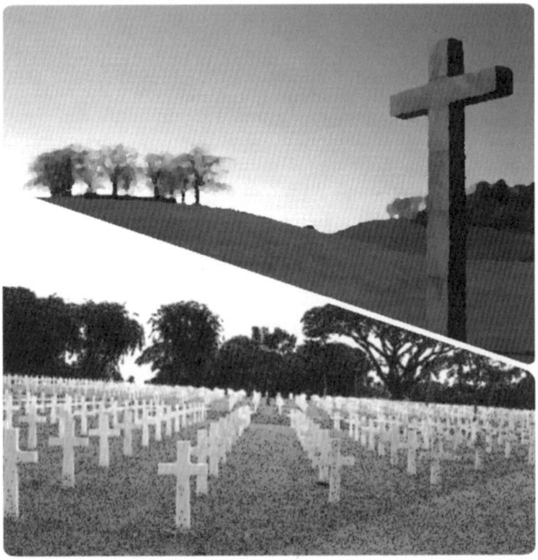

13
非標準化顛覆

儘管文創市場最終可能利於大型集團取得寡占優勢，透過標準化和類型化來降低文本產製的失敗風險，例如，透過大牌明星擔綱演出的明星體制（star system）；建立恐怖片、推理片、純文學等文類（genre）標誌；採取續集和系列（serial）策略。不過，文創市場仍然存在極大的自由度，顛覆關鍵在於微型組織或是個體的非標準化創新，例如，電影、戲劇、音樂或數位遊戲的創新，經常出於獨立或是少數創新群體發動。創新的內容可以是文本、流程、行銷和財務，例如，電影獨特的財務選擇權契約，以及包括電影、戲劇、音樂或出版的文本與行銷創新等，經常提供個人或微型組織極佳的非標準化創新顛覆機會。

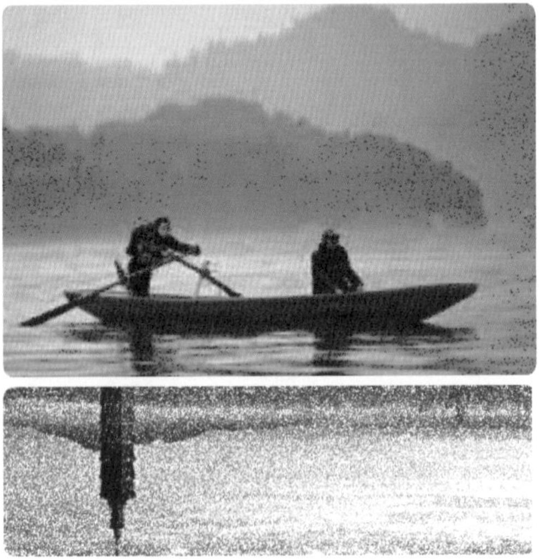

14
富豪和漁夫

感動，是美好彼岸的具體示現！

馬斯洛的需求理論強調，人類需求可以分為生理、安全、社會、尊重和自我實現五種，依序由較低層次提升到較高層次。

一位富豪到海邊渡假，見一漁夫無事悠閒，便問他為何不捕魚？漁夫說他習慣一天只撒網三次，捕到什麼，夠吃就好。富豪說，若你撒網四次或是更多，就能逐漸累積財富，然後創立漁業公司，獲利更多。漁夫回，然後呢？富豪說，然後你就可以悠閒地在海邊渡假。漁夫說，我現在不就是如此！

我們，經常努力地工作，然後努力到一個這些都不重要的地方！文創是感動。感動如同水，不是魚所發現的！

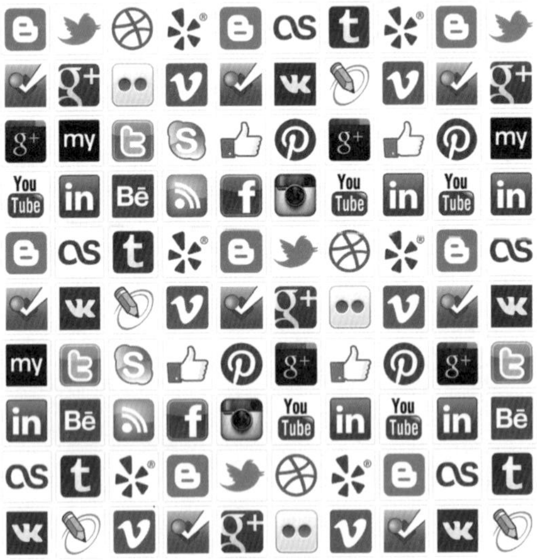

15
大眾都是媒體

數位網路時代,傳統的大眾媒體(mass media)變成為大眾都是媒體(media by masses),包括臉書、推特和部落格。網路徹底顛覆了傳統經營模式,每個人都能成為獨立的出版者或廣播者。網路衍生的重大變革包括,去中間化,經紀人或中間商的角色功能,即使未必完全被排除但也要重新定義;去地理化,顛覆了傳統以技術和地理區位為權利基礎的市場結構;去中心化,徹底改變了傳統供需角色的本質與關係;近用效率,大幅提高了閱聽人對於文本內容的取得效率。總的來說,網路無遠弗屆,徹底打破了傳統界限。

儘管如此,網路無限開放且去中心化的概念其實仍有侷限,網路民主受到挑戰和否定,例如,每個人的角色皆已被明確定義,有些人輸入、其他人搜尋。無論如何,人類使用媒體永遠受其影響而改變,但也總會回頭以新方式加以修正;人類因此成為媒體的性器官,使它得以繁殖並且演化新的形式,至於媒體回報人類的方法,則是加速達成人類的慾望。

The magic of Interconnections

"The usefulness, or utility, of a network equals the square of the number of users." Robert Metcalfe

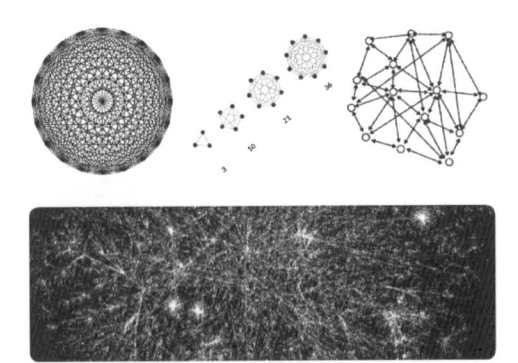

16
價值是節點平方

儘管文創強調內容才是王道（content is king），誰掌握了暢銷影片、出版、音樂、電視或遊戲文本，誰就能掌握市場。然而，沒有綿密的媒體網絡，內容本身將無法極大化經濟和社會價值。麥卡夫定律（Metcalfe's Law）強調網絡如電腦、電話、大眾運輸和人際溝通，無論傳輸的是影片、音樂、電視節目或是出版。網絡若能有效率的傳輸，總體價值 $V = aN+bN^2+c2^n$，其中 V 是價值，N 是用戶數量，其他則為常數係數。網絡異於傳統的點對點系統，它能同時連結許多的節點，價值因此可以大幅提高。質言之，網絡的價值是指數性而非傳統線性，規模報酬是遞增而非遞減或是固定。

尤其對於擁有龐大沉沒成本的文創產業而言，當邊際成本幾乎可以被忽略的情況，又平均成本會隨著銷量增加而大幅下滑，代表該市場的均衡競爭情況並不存在，取而代之的是強勢領導的市場獨占。

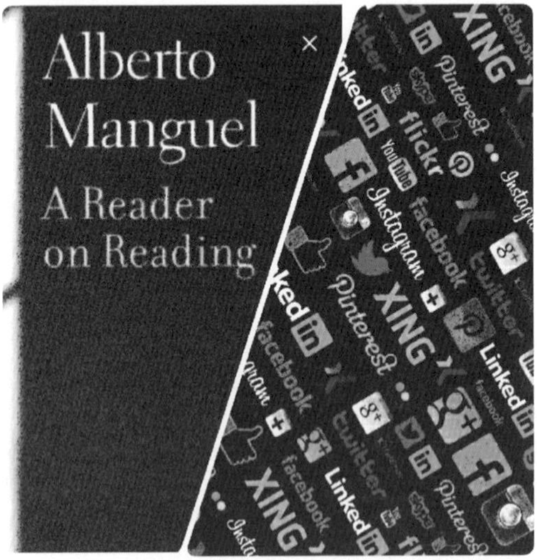
Alberto
Manguel
A Reader
on Reading

17
文本媒體匯流

近年來,結合數位內容、聲音和圖像的新媒體快速發展,整合影片、音樂、書籍和線上遊戲的文本匯流模式逐漸成形。然而,充斥的各種文本不過是不同媒體的轉換。在製作和發行方面,新媒體讓任何人在任何地方,可以低廉的成本與人接觸。在廣告和行銷方面,資訊無限選擇的新媒體空間,讓人可以輕易略過不重要的資訊,新媒體的彈性界限成為真實世界的漫遊,透過時空可以追蹤任何人的行動並且空間化,媒體匯流讓行銷得以在任何人最有可能購買、出價或使用的任何時空中進行接觸,一種無所不在的一對一。

儘管如此,傳統文本與媒體形式終將遭到淘汰?數位文本與新媒體的超連結,果真優於傳統?紙本書籍可以讓人隨意翻閱,從任何一頁到任何一頁,相較之下,新媒體卻只剩下貧乏的觸覺誘惑。而不會記錄眼球停留時間的紙本尤其令人懷念。總的來說,如果訊息也是媒體,無論任何媒體形式,創作者的唯一工作仍是讓閱聽者不斷的翻頁。

事實上,匯流除了文本與媒體形式之外,組織策略與市場結構的所有權匯流同樣值得關注。

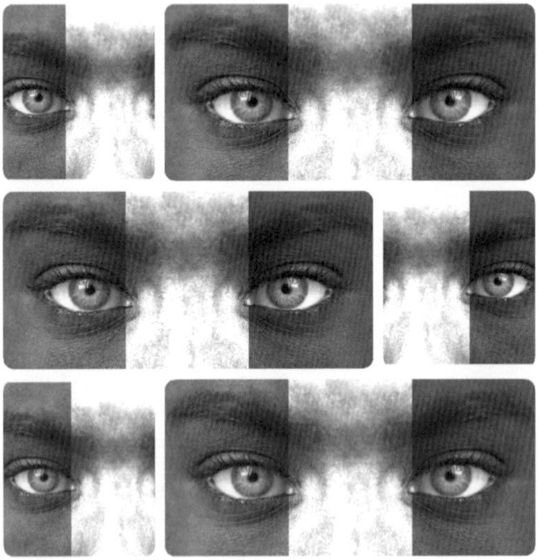

18
閱聽極大化

文本的需求經常是高度主觀且不理性，閱聽習慣經常是反覆無常且不確定，加上轉化為產品之後的生命週期可能極短。因此，為了極大化閱聽人的規模，持續地吸引閱聽消費者的目光，大量的行銷曝光成為必然策略，例如，電影、音樂與數位遊戲，行銷支出經常大於製作成本，電影的行銷支出更是超過總成本的五成。

若又考量文創經常具有高固定成本與低變動成本的特性，例如，電影和音樂的製作成本相對龐大，但是原版推出之後的再製價格則是非常低廉，因此，只要市場暢銷，獲利就會急速增加。

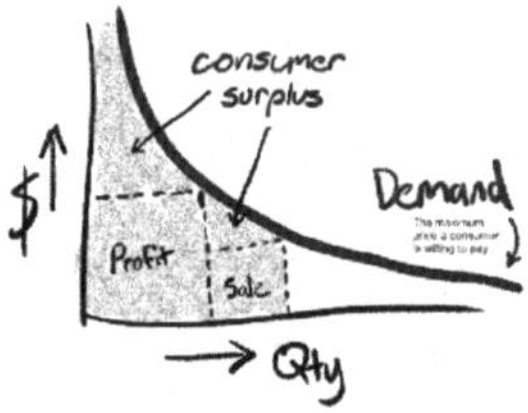
consumer
surplus
$
Demand
Profit
Sale
Qty

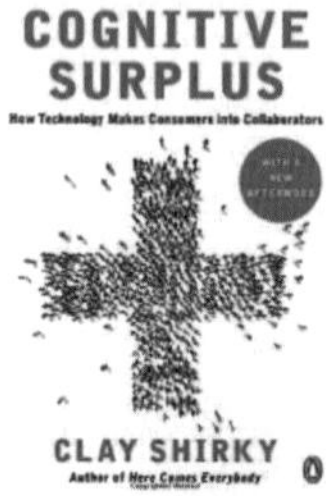
COGNITIVE
SURPLUS
CLAY SHIRKY

Cognitive
Surplus
Creativity and Generosity

19
剩餘極小化

文本的需求經常是高度主觀、不理性、因人而異。反映在價格上，代表可以採取完全差別取價。需求高者訂價高，需求低者訂價低，每個閱聽者都是獨一無二。

文創，是低價或高價？專屬的使用經驗經常是訂價的基礎。傳統產品訂價經常採取成本導向策略，由於不是基於閱聽者認知的最終價值，並且經常低估或是扭曲智慧財產權價值。文創，是需求導向，不是成本導向。

免費的潛台詞是付費。隨著大數據時代的時空壓縮、破碎化和客製化，行銷經常可以直達一對一需求，聚焦滿足個人化情感，豐富化任何人專屬體驗。由於需求的高度主觀與不理性，因此價格無上限。免費或低價是為了更大剝削，消費者剩餘極小化，也是剝削極大化。

048   *36 ideas to learn in cultural & creative industries*

20
大量發行策略

由於反長尾的特性,加上文本曝光與競爭激烈異常,因此多數的文創都不具有銷售力。易言之,多數文本的成功比率遵循 80:20 法則,少數文本類型情況可能更糟,幾乎達到 98:2,例如,音樂專輯的獲利率平均低於 10%,普遍上高達 70% 以上的專輯呈現虧損。因此,大量製作成為重要策略,意即製作的數量高過於可能成功的數目,上述策略的核心思維,包括藉此分散集中於特定文本的投資風險;通常新創作者的版稅較低,製作投資支出遠低於後續宣傳和行銷發行費用;暢銷的文本作品通常可能來的非常突然等等。特別是,多數的文本作品屬於無形資產,因此當產製銷售規模擴大,其規模經濟報酬也會出現反轉,不同於傳統經濟的規模報酬遞減,而是遞增。

如果,少數文本作品又意外暢銷,結果又會再次強化了反長尾特性。

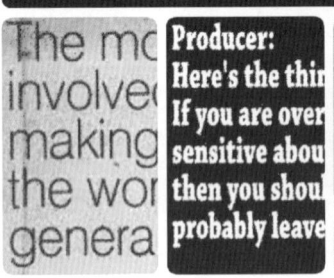

050 *36 ideas to learn in cultural & creative industries*

21
智財權交易所

電影，與其說是一件作品，不如說是一系列合約。

儘管主流製片商經常讓人聯想到大型神祕的怪獸，不過，他們更像是一家整合融資、製作、發行與行銷電影的智慧財產權交易所。

電影腳本通常根據既有文學作品或真實事件改編，通常製片商不會接受陌生的影劇本，而是由眼光獨具的文學經紀人推薦，一旦文學作品獲得青睞，製片商便會簽訂選擇權協議（option agreement），雖然協議只占價值總額一小部分，但卻提供未來買下全部資產的權利。

製片商選定劇本之後，籌資計畫隨即展開，如果和主流製片商合作，後者經常會堅持取得開拍續集、電視與附屬市場等權利，上述合約也利於作為向金融機構融資的擔保。然而，上述融資決策經常極度主觀並且容易誤判，因此，電影資金的取得經常多變且不確定性。

電影投入需要龐大資金，其間涉及許多製作、發行和財務等組織，也依賴著各種小型和專業獨立製作公司。過程中充滿著文本、資金與智慧財產權等交易。電影投資過程如同一個流體，持續進行著文本和智慧財產權的聚合與分裂交易。若再考慮後續衍生市場策略，結果就更混亂與不確定性了。

文創，普遍上都具有類似的特質。

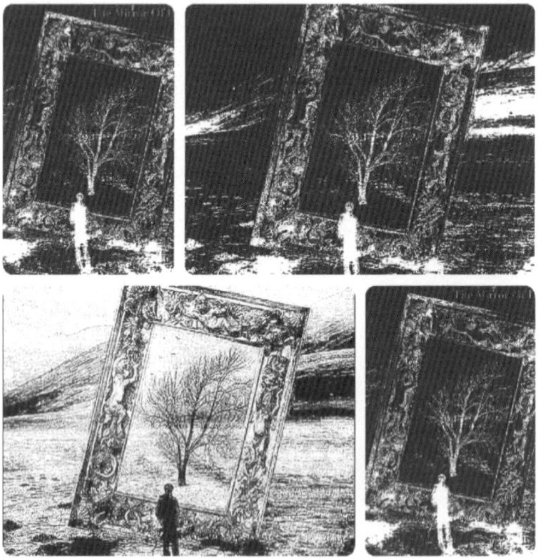

22
夢境溶解清醒

烏托邦感性一直是文本的重要特性，如同觀賞一部電影，樂趣從來都不只是單純的影片視聽而已，還包括像是參與了一場共同儀式，扮演一位觀眾角色所擁有的共同體驗與想像，電影院提供一個轉換的空間；其他也包括音樂演唱會、職業運動比賽、表演藝術現場，以及讓人不斷翻頁的小說文本。

我們都活在必須不斷處理內外兩個世界以及虛擬與真實之間的模糊曖昧，虛擬有時比真實更真。

虛擬的夢境自成一個世界，它相對於真實，但非絕對真實。夢境不需要執著於擬真，因為擬真會降低想像張力，因為想像才是價值關鍵。虛擬比真實更真，它提供我們對於現實的轉換和補償，擴張的虛擬得以消解束縛的現實。因此，虛實並非相互替代、抵銷與吞併，而是辯證與滲透。

於是想像啃噬現實，逐漸無須現實支架，成就幻影之旅，純粹為幻想而活，以幻想為目標而行動，也因幻想而受懲。最終，夢境溶解了清醒，清醒變成多餘，影像近親繁衍，清醒變得毫無意義，終究達到現實的廢除。

昨夜夢見自己死了，醒來證實夢是真的；若是醒來毫無意義，自語繼續睡吧！爾後，只夢見自己活著。

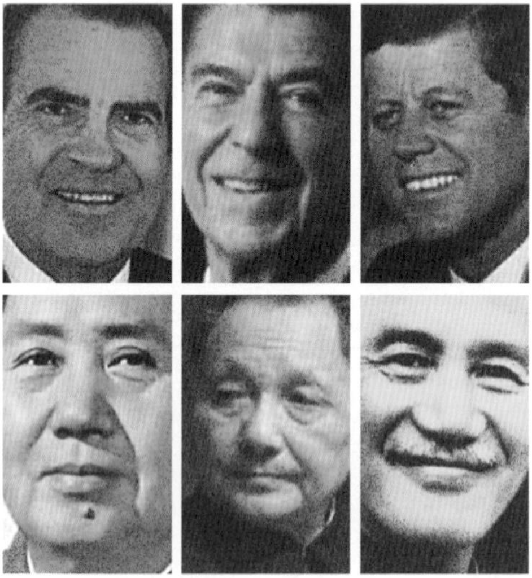

23
反對黨執政症候

歷史經驗顯示,當非主流成為主流之後,原被排擠者經常搖身成為剝奪他人發聲者,所謂反對黨執政症候。

如同 1960 年代,無線廣播電視掌控主流媒體,面對有線電視的崛起,廣播電視透過立法限制有線電視的節目播放,不斷阻擾。其他如電影之於劇場表演,廣播電視之於電影,以及目前的數位網路音樂之於傳統媒體音樂。

儘管文本的傳遞方式一直演變,創新媒體也始終會削弱傳統媒體的影響力,不過傳統媒體不會因此消失。例如,廣播電視或錄放影機的推出,並不影響人們到戲院排隊觀看電影,或是到百老匯觀看表演,或是在家聆聽收音機廣播,即便進入網路時代,廣播和有線電視也依然存在,人們也還是經常購買報紙、雜誌和書籍。

pepsi
GET HYPED FOR
HALF TIME
XLVIII
pepsi
HALFTIME
SHOW
VICTORIA'S
SECRET
Coca-Cola
classic
Is This America?

24
節目用來干擾廣告

廣告若是廣播電視的營運基礎,那麼,節目則是用來干擾廣告!

廣播電視主要透過銷售廣告時段獲利,例如,運動或動作片時段的刮鬍刀和啤酒廣告,目標鎖定男性;肥皂劇時段的清潔用品廣告,目標聚焦家庭主婦;以及兒童節目的玩具廣告。

為了極大化閱聽者數量,衡量閱聽者收看特定節目比率的收視率調查,顯得非常重要,廣播電視可以據此作為廣告費率的衡量標準,包括總收視率(gross rating points, GRP)是廣告曝露於目標閱聽者的比率;觸及率(reach)是廣告曝露於目標閱聽者至少一次的比率,或稱 cume;曝頻率(frequency)是廣告重複播放的次數。因此,總收視率=觸及率×曝頻率。

閱聽偏好和行為反應的研究也有幫助,兩項重要理論包括雙重收視定律(duplication of viewing law)和雙重危機效應(double jeopardy effect),前者強調同時被收看的兩個節目,一方收視率變化不會明顯改變另一方;後者強調比較不同收視率節目,收視率低者的節目,忠誠度通常也會較低。無論如何,閱聽可以產生共同的流通貨幣,利於在日常文化與人際互動中交換。只是閱聽的主要意圖,仍然取決於一個挑動人心的故事。

儘管如此,近來眾多媒體平台興起,科技讓人可以主動略過廣告,透過網路直接下載節目和全天候收視,都讓閱聽區間愈來愈難以界定。

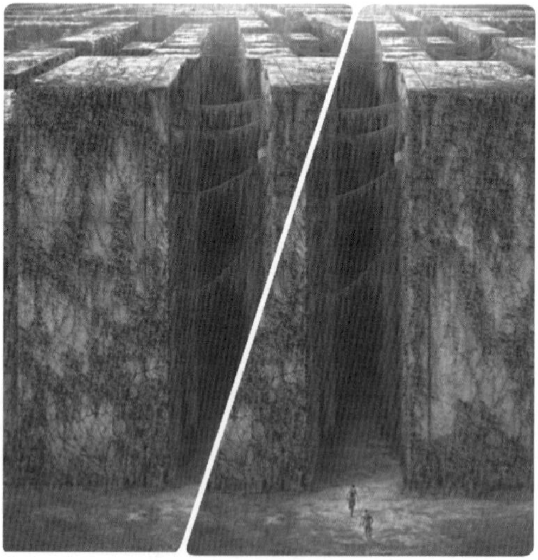

25
出路是迷路

科技擬真已讓現實與虛擬混淆。當今虛擬的情節真實、感官刺激、情緒體驗皆可令人神往。虛擬實境已不只是簡單的感官，虛實已經成為自由心證和個人選擇，人們甚且常因虛擬更為安適、真實和優越，試圖遺忘真實。

無論如何，虛擬無限的魅惑和想像讓人耽溺，甚且，如果不存在於系統之內，便會自覺根本就不存在。然而，當虛實斷裂形成道德真空。例如，真實若是擬真的最重要寶物，那麼信任反而成為最危險之事。儘管擬真宣告了提供人類情感的出口，只是這沒有出口的入口，最後連人都成為失落之物。擬真的終端同時是啟程和抵達，也是開始和結束同時的地方，自由隨著擬真的提升而逐漸消逝。

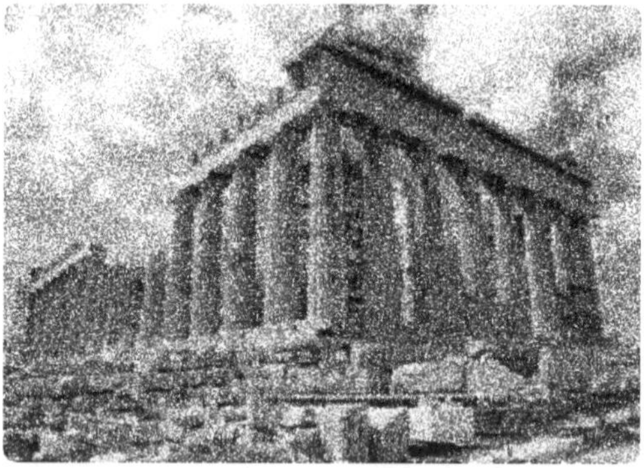

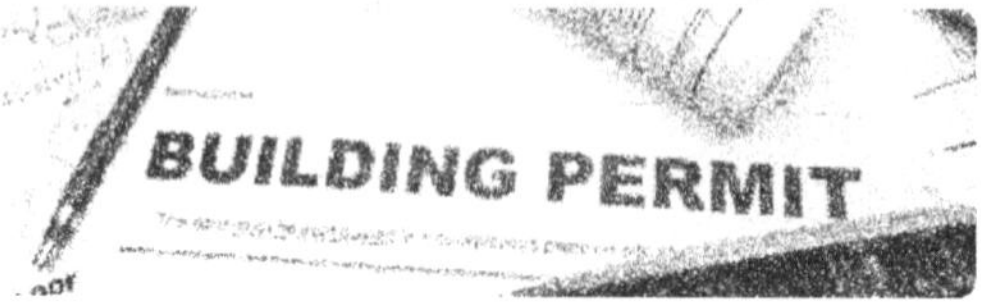
BUILDING PERMIT

26
開始動手的廢墟

沒有意外,就沒有新的人生。

賭場創造一個讓人既抽離,又深陷的場域,一番激情過後往往換來的是虛無冷清,如同一開始動手就造出的廢墟,傷害早在進場之前。

賭場,創造一個沒有時間的空間,在這裡,由玩家自行設定環境和表演,以及何時開始和何時結束!

儘管博奕是個古典字根,卻是標準的現代貨,其間充滿精心算計的應用經濟學和心理學。首先,賭場的獲利(edge)來自於實付少於應付給贏家的賠率(pay less than true odds to the winners),意即來自於按注分彩(parimutuel)的輸贏雙方,先從彩金中扣除的各項租稅和費用,而不是來自於一群輸家。其次,禁止單筆大額賭資的下注限制策略。一般而言,即便賠率公平,但若賭資受到下注限制,賭客最終將是輸家。因此,一旦博奕時間延長,莊家終將贏得全部彩金,即使莊家獲利率等於零,意即賭客是被賭資打敗而非獲利率。無論如何,多數人到賭場通常不會只賭一把,而是延長玩樂時間享受更大娛樂價值。因此,延長賭博時間經常是賭場獲利的重要策略。

從個體角度,賭博心理極為複雜,例如,博奕兼具消費和投資特性。心理學家認為,賭博是一種精神官能症而非娛樂活動。從總體角度,套用職業運動博奕觀點,博奕是一種控制賠率的集體心理!莊家製作賠率報酬表(line),重點經常不在如何選擇標的,而是在賽前如何誘發半數賭客下注冷門標的,另一半下注熱門標的。

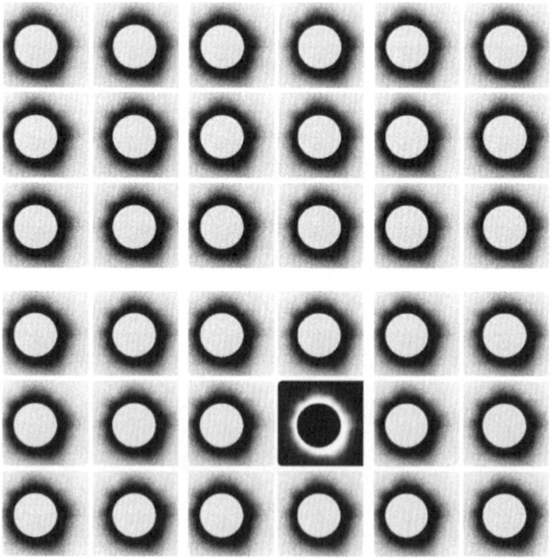

27
彼得堡矛盾

在擲幣遊戲中，假如期望報酬是無限的，理論上，人們應該願意付出高價投入遊戲。但是事實上沒有人願意如此。於是，數學家改以期望效用取代期望報酬。易言之，如果報酬就是貨幣，了解貨幣的邊際效用具有遞減的特性，亦即儘管獎金增加可以提高貨幣報酬，但是增加的效用反而逐步下降，正是所謂的彼得堡矛盾。因此，人們願意付出多少投入遊戲，主要根據期望效用而非貨幣報酬；也就是在面對環境的不確定性，期望效用函數利於人們作出最佳選擇。因此，人們經常以主觀的信念取代客觀的機率。

質言之，選擇的價值會取代選項的價值，主觀的價值會取代客觀的價格。如同對於文本的需求一樣，經常是高度主觀、不理性、反覆無常與不確定。

064   *36 ideas to learn in cultural & creative industries*

28
不可預測的表演

表演藝術除了熟知的劇場、馬戲團、交響樂、歌劇和舞蹈之外，職業運動，也是一種另類的現場表演。

當職業運動場上的音樂響起，現場的遊魂立刻甦醒，偉大的表演者優雅出場，一場結合宗教、力學、哲學、詭術與美學的戲劇，正式揭開序幕！

職業運動，像是依據競爭規則所進行的不可預測的表演，例如，世界盃和超級盃。當觀眾積極涉入比賽，職業運動會讓人亢奮，其他獲益的媒體還包括報紙、專業雜誌和網站，以及扮演催化角色的運動博奕，這在美英是合法且風行的活動。

運動博奕除了增加觀賞的趣味，還能提高媒體的閱聽需求。高收視率的職業運動比賽，不僅可以提高廣告時段費率，還包括廣播電視和有線電視的轉播權利金。運動博奕因此間接地提供職業運動重要的財務支援。

無論如何，必須明確釐清一項概念，職業運動聯盟是市場導向的營利組織，而不是球迷們以為的非營利組織。

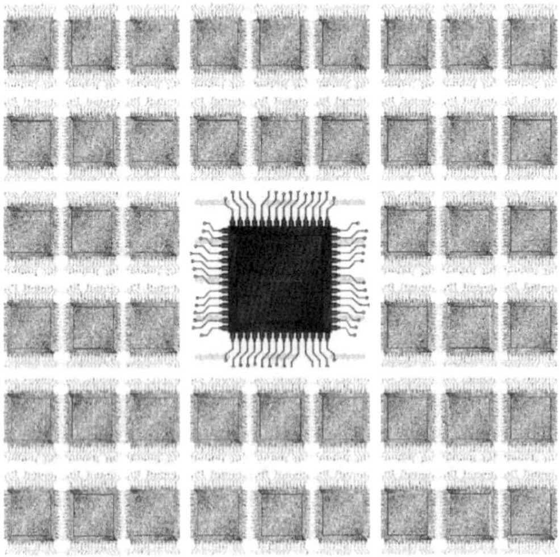

29
壓縮是延展

現代世界叫作速度和方位，時空壓縮讓人從起點直接進入終點，讓人無所不在卻又不在，讓人從任何地方出發，卻又不通往任何地方。面對這個沒有存在感的時空，無論我們去了哪裡，其實好像什麼地方都沒有去。所幸還有故事，讓人可以透過文本縱身時空大海，在不同媒體轉換的空間裡，和創作者與自我的靈魂進行鬼魅交涉，在這無聊的世界裡創造充滿詩意的想像，讓人回到過去，連結未來，透過想像在時空中延展。

無論是文本或是媒體，都是一系列的空間和時間現象的壓縮，或說不是壓縮，而是延伸。若以人為尺度，壓縮的尺寸若小，是隱喻的空間。尺寸若大，則是劇戲的空間。

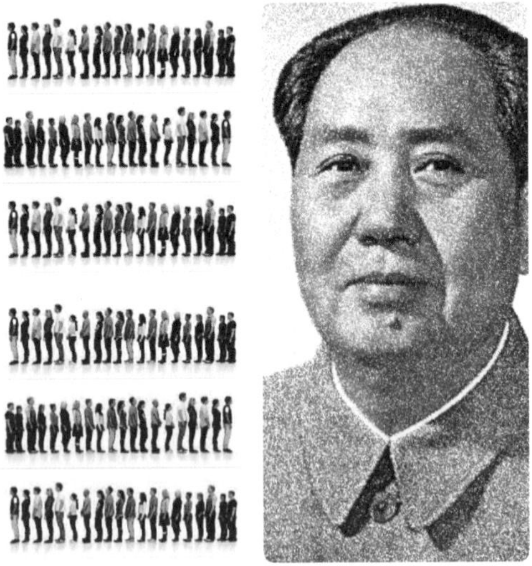

30
人潮反高潮

經營主題樂園如同經營飯店,在人力、電力與保險等費用上相對固定,一旦達到收支平衡,每增加一張門票收入都能創造極高獲利。然而,主題樂園的獲利經常極不穩定,包括高油價、夏季異常高溫、週末春雨、其他競爭與突發事件等因素都會造成影響。

此外,降低短期衝動性消費,創造長期美好感動,主題樂園的邊際獲利曲線會隨著遊客人數而大幅成長。主題樂園的利潤取決於二項重要變數:累積遊客人數和平均消費支出。隨著遊客人數的上升,平均消費支出反而下降,其中關鍵因素在於,擁擠效應導致獲利下跌,因此,細緻平衡兩項變數非常重要。

上述概念對於其他文本與產品同樣適用,例如,數位音樂的下載聆聽與擁擠等待的負面效應、其他文本衍生的現場產品消費等待等。人潮,反高潮。

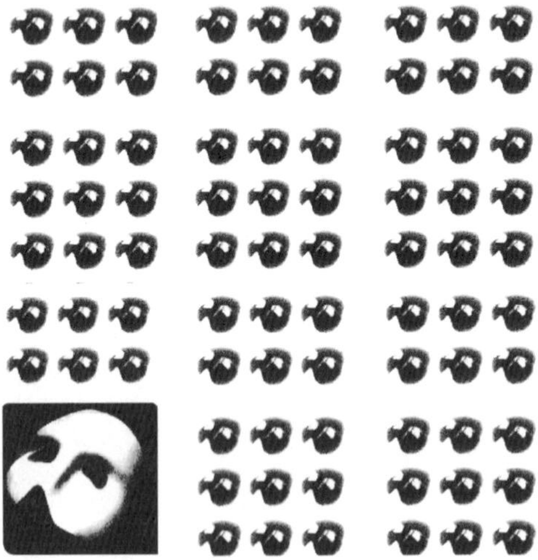

31
經典是連續暢銷

比較暢銷音樂劇和熱門電影,《歌劇魅影》的全球票房 20 億美元,暢銷時間超過十年,製作和行銷成本 900 萬美元。《侏儸紀公園》的全球票房 9 億美元,暢銷時間 20 週,製作和行銷成本 7000 萬美元。前者的投資報酬率,勝出!

儘管如此,相較於其他文本,表演藝術的生產力始終無法大幅提升,這也是它始終存在的核心困境。例如,演奏布拉姆協奏曲所需的時間,和一百年前幾無差異。同樣地,演出莎士比亞劇目所需的時間,也和三百五十年前大致相同。表演藝術的過程就是結果,生產和消費同步。此外,表演藝術仍需面對許多挑戰,包括製作和財務困境,科技進步和眾多媒體興起降低現場觀賞的意願。

因此,表演藝術始終代表高風險,難以獲利。然而,近年來,百老匯熱門音樂劇重拍或改編的票房亮眼,許多甚至在拉斯維加斯長期演出,都徹底改變了表演藝術的製作和演出模式。

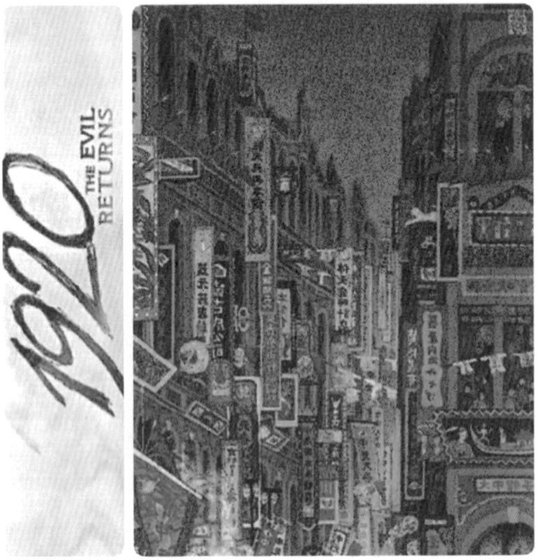
1920
THE EVIL
RETURNS

32
心理需要地理歸屬

心理需要地理的歸屬，這是現代人普遍疏離的解藥。

房地產商把家或塑造家的方式行銷給普羅大眾，投機政客與藝術家哀悼家的消失，又努力地創造新的地方。只有我們要直到失去，才會驚覺那曾經擁有的美麗地景和幸福記憶，早已被都更之名與公共利益所剷平，取而代之的是垂直的貧民窟和同形的現代購物中心。

現代世界的時空壓縮讓人從起點直接進入終點，讓人無所不在卻又不在，它同時也讓地方膚淺也讓空間擬真。全球化更進一步催化了符號化，讓人從任何地方出發，卻又不通往任何地方。我們的世界正被無地方化（placeless）和非地方化（nonplace），前者讓人對於自我的完整體認存疑；後者讓人扮演安適其位（in place）的外來者。兩者的驚悚提問，經常是我們迷路了嗎？資本家始終貼心的安撫，放心還有這裡的存在！消費地景奇觀總是展示它那與生俱來令人失憶的特性，任何人只要打從那裡經過，都會遺忘自己曾經知道的所有記憶！

地理需要心理的救贖。

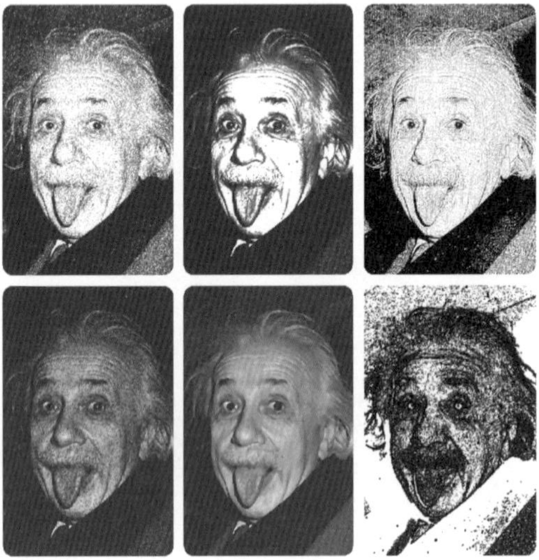

33
不同時空轉換

媒體,建立在消滅時間和空間,或是消滅兩者的前提上。時間萎縮了,空間在速度裡皺縮了。因此,不同媒體的轉換,就是不同時空的轉換。

時間會帶來失憶、遺忘、逃脫和讓人平靜。時間會自動轉換成為空間,讓人透過時間拉出空間的距離,讓人透過想像,重新解構、閱讀與直面時間的流逝。空間的歷史稱為地景,空間是權力的轉化和運作,如同殖民者望向海洋,只看見單調空蕩的空間,原住民卻是看見了地方的感動。

無論如何,空間的感動,因人而異。對某個人而言,空間記憶的完全抹去可能是另一個人的不完全,它比羊皮紙和電腦軟體還要深刻有意義,所有的意義鑲飾都是在反覆的文化競技中不斷地被定義與詮釋。無論是歷史性、經濟性與抵抗性,總在還不到最終的拉扯之間,看見不同的人群訴說著自己的故事!

面對不同時空轉換,如同天使面向過去,歷史的碎片拋到腳前。天堂颳來的風暴,將天使颳向背後的未來,進步就是一場風暴。記憶或歷史被置放眼前,但未來卻是身後颳來的風暴。未來是前世!

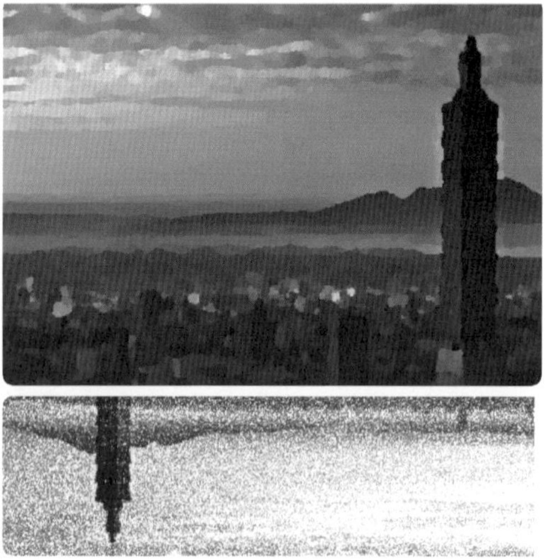

34
藝術文化針灸

在藝術界積累文化資本的價值觀依舊運行,但對市場經濟的殘酷競爭卻是無能為力。儘管如此,藝術可以用來針灸市場。

藝術文化與其說是一種救贖,不如說是市場經濟的下游殺手,它是資本行使暴力的最佳滅音器。與其說它是對藝術家的保護,不如說它是對特定市場的保護。

以都市空間為例,全球化資本帝國的罩極縱深,搭配文化和資本的交互作用,當在地傳統製造逐漸式微,藝術家得以進駐閒置空間創作,然而隨著藝文展演與消費的興起,高檔化與仕紳化(gentrification)最終又終結了地方純正性(authenticity)。於是,單調、統一與荒蕪的複製擴張,形成了自我終結的不可逆輪迴。

是藝術文化針灸市場經濟,還是市場經濟針灸藝術文化?

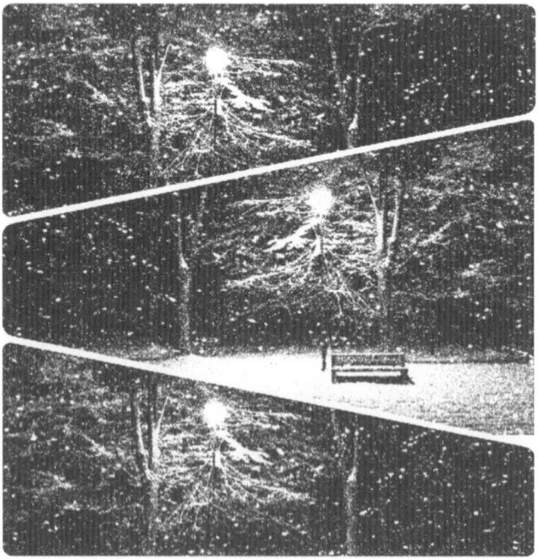

35
去管制是更高階的管制

法律是哲學的具體示現，無論是對於文本或是媒體應用，政府的法令干預和影響始終明顯。然而，法律背後的哲學思維為何？立法從嚴或從寬（strict vs. lenient）？市場自由或干預（laissez-faire vs. intervention）？產權集中或分散（concentration vs. diversity）？補貼或租稅抵減（subsidies vs. breaks）？產業效率或結構（efficiencies vs. structures）？如何取捨與維持平衡，例如，歐盟對於電影採取租稅或補貼保護；美國則是訂定電影放映和發行的反托拉斯法，但是卻嚴格規範報紙、廣播電視和有線電視的申設核准，以及立法限制不同媒體交叉持股等，藉此防止市場獨占和維持多樣性。

法令不過是一場管制、去管制、再管制的輪迴。去管制是為了免去政府的介入，提高市場自由，再管制則是為了回應公共利益。然而，新法律和新規範不過是讓低度的管理合法化，但是相對於不受阻撓的企業利益，對於總體的公平公正未必有所助益。

總的來說，管制未必是去管制的一個階段，可能是種結果。弔詭的是，經濟上，更多的自由可能導致更多新的不自由，因此，干預反而是爭取自由。

"Everything should be made as simple as possible, but not simpler."

36
複雜來自於矛盾*

感動來自於純粹

---

* 如果您認為這項法則太過清晰,您必然已誤會了這項法則。

Part 2

轉換,

Romance dies hard, because its very nature is to want to live.

1
對望

對望，是想念的慢動作災難。孤獨，是引領瀕臨後的拋下。心痛，是我的絕望你的安靜。幸福，是我知道你知道我，正凝望著妳！

《泰姬瑪哈》（*Taj Mahal*）[1]

詩人泰戈爾曾經如此形容一段北印度王朝的浪漫愛情故事：

> 沙賈汗，你寧願聽任皇權消失，卻希望使一滴愛的淚珠永存。
> 歲月無情，它毫不憐憫人的心靈，它嘲笑心靈因不肯忘卻而徒勞掙扎。
> 沙賈汗，你用美誘惑它，使它著迷而被俘，你給無形的死神戴上了永不凋謝的形象的王冠。
> 靜夜無聲，你在情人耳邊傾訴的悄悄私語已經鐫刻在永恆沉默的白石上。
> 儘管帝國皇權已經化為齏粉，歷史已經湮沒無聞，而那白色的大理石卻依然向滿天的繁星嘆息：「我記得！」
> 「我記得！」──然而生命卻忘卻了，因為生命必須奔赴永恆的徵召：她輕裝啟程，把一切記憶留在孤獨淒涼的美的形象裡。

---

[1] 歷史、地景、觀光、小說、電影、電視、表演。

泰姬瑪哈陵（Taj Mahal）是印度蒙兀兒王朝沙賈汗國王的哀悼，它是為分娩去世的寵后瑪哈而建。史載沙賈汗在一次古董拍賣會中，一見鍾情古董拍賣員瑪哈，從此兩人相戀結婚。兩人相愛如膠似漆，即使沙賈汗御駕親征，瑪哈也會緊緊跟隨。然而，幸福的時刻總是太短。瑪哈在分娩第十五個孩子時，因不幸感染產褥熱，死於南征的軍營中，沙賈汗萬分悲痛，一夕白髮，於是將原擬建成行宮送給寵后的白色大理石建築物，改建成為陵墓紀念亡妻。

瑪哈死後，沙賈汗終日耽溺於悲痛不問國事，終至長子篡位並將他軟禁於塔內，沙賈汗每天的第一要務，就是透過對望的塔內八角小窗，遠眺河中的泰姬瑪哈陵倒影。只是世事總與願違，長子盛怒之下命人弄瞎沙賈汗，幸好銜命者陽奉陰違，憐憫之餘，只將沙賈汗的眼皮縫合，即便最後沙賈汗重見光明，他的唯一希望仍是再見泰姬瑪哈陵。沙賈汗去世之後，女兒提議將沙賈汗與瑪哈皇后合葬。本來沙賈汗生前要蓋一座黑色大理岩建築，與泰姬瑪哈陵規模形式一樣，作為長眠之地，但是長子叛變而無法實現。泰姬瑪哈陵象徵沙賈汗對於瑪哈皇后的忠貞，黑色陵墓象徵沙賈汗的喪妻悲傷。據說，蒙兀兒王朝是成吉思汗後代建立的一個北印度王朝，自沙賈汗長子掌權之後，國運逐漸邁向衰敗。

2
回首

天作之合，原來是由地獄製造。當我為妳跨越冥河，使盡全力地破壞逗留這裡。逃離不過是，為了想返回。回首卻讓我，回不到過去。原來由深愛意圖鋪陳的，經常是，心痛之路！

《奧菲斯》（Orpheus）[2]

太陽神阿波羅（Apollo）與史詩謬斯女神卡利歐碧（Calliope）的兒子——奧菲斯（Orpheus）擁有極高藝術天份，能譜能曲，能談能唱。天地萬物都耽迷於他的樂音。於是，阿波羅將使神漢密斯（Hermes）饋贈的七弦琴轉送奧菲斯，讓他更能盡情展現天分。奧菲斯的妻子是美麗的森林水神尤麗狄絲（Eurydice），奧菲斯經常用他的歌聲對妻子訴說愛意，濃蜜的合唱令人動容。只可惜好景不長，某天尤麗狄絲到河邊找奧菲斯，沿途不慎遭到毒蛇咬傷，尤麗狄絲不幸死去。山澤女神見狀立即通知奧菲斯，奧菲斯悲痛地輕撫尤麗狄絲，哭聲傳遍森林。失去摯愛的奧菲斯終日唱著憂傷歌曲，無盡悲痛飄蕩森林，大地與天上諸神都為奧菲斯難過。思念亡妻的奧菲斯，生活頓失意義。於是，他決定冒險進入冥府尋找摯愛，懇求冥王黑帝斯（Hades）能讓妻子復活。奧菲斯一路彈奏七弦琴，演奏著悲痛琴音，終於來到冥府入口，

---

[2] 神話、小說、電影、電視、表演。

ORPHEUS IN THE
UNDERWORLD

Every Note
ORPHEUS IN THE UNDERWORLD
Pastoral and Menuet
Moderato
J. Offenbach

進入地獄前要渡過湍急的冥河（Styx），擺渡人凱隆（Charon）也被他的琴音感動，於是破例送活人渡河。進入冥府之後，奧菲斯的琴音在寂靜暗黑的冥府中繚繞不已，吸引眾多鬼魅來到身邊，然而始終不見尤麗狄絲身影。奧菲斯一路抵達冥府大殿入口，連守門的三頭犬克柏洛斯（Kerberos）都被他的溫柔悲傷歌聲感動，原本狂暴懾人的氣息都變得安靜，讓他平安進入冥府大廳。冥王、冥后得知他的來意，並被他的癡情感動。冥王黑帝斯於是答應讓尤麗狄絲重返人間，但是在兩人抵達地面之前，奧菲斯都不能回頭看尤麗狄絲，也不能和她說話，否則尤麗狄絲將無法復活。奧菲斯欣喜若狂地答應了！

黑帝斯命令帶來尤麗狄絲亡魂，讓她跟著奧菲斯離開。奧菲斯快步離開冥府，直想儘快帶著尤麗狄絲重返陽光。他愈走愈急，卻又擔心尤麗狄絲是否跟上。不過，他依然記得冥王的條件，忍住回頭的欲望，不敢確認愛妻是否跟上。不知走了多久，奧菲斯在黑暗中看見前方一點亮光，於是加快腳步，終於來到地面，迎接溫暖的陽光，當他開心地回頭時，卻發現雖然他已經在地面，但尤麗狄絲仍落後幾步並身處黑暗，就在他轉頭的瞬間，尤麗狄絲就被一股無形力量往後拉去，縱使她掙扎著向奧菲斯伸長手臂，終究消失於無盡黑暗中。再次失去摯愛的奧菲斯悲痛欲絕，他追尋著來時足跡，再次回到冥河，但是任憑如何懇求凱隆送他渡河，凱隆都不為所動。萬念俱灰的奧菲斯只好慢慢地回到人間，在荒野裡有如行屍走肉般地流浪。他不修邊幅，不問世事，日復一日，彈奏著失去摯愛的傷痛，活在悔恨之中。某天，奧菲斯流浪到色雷斯（Thrace）荒野，遇到酒神的女信徒們狂歡作樂，因為奧菲斯拒絕為她們彈奏歡樂歌曲，結果激怒了這群女信徒們並遭殺害分屍。奧菲斯的頭與七弦琴被丟入希柏魯斯河（Hebrus），一直流到里斯柏島（Lesbos）。據說奧斯菲頭顱在河中漂流時仍然低吟著哀傷歌曲，七弦琴也始終在旁為他伴奏，訴說著他的思念與哀怨。天神宙斯（Zeus）有感於此，就將他的琴放到天上成為天琴座（Lyra），紀念奧菲斯的堅貞不渝愛情。

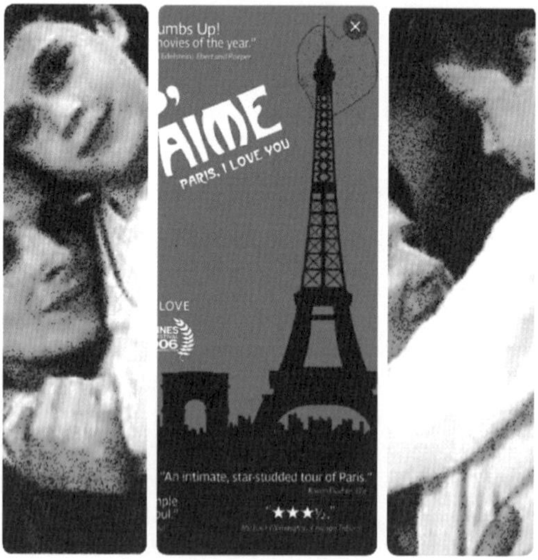
PARIS, I LOVE YOU
"An intimate, star-studded tour of Paris."

3
幻境

幻境,讓我沉迷,讓我找到不存在。它是救贖,也是困境。只是問題的嚴重性,不如我的清醒。幻境溶解實境,只要真的相信。當可以選擇瘋狂,為什麼還要正常?

《我愛巴黎:勝利廣場》(*Paris Je t'aime:Place des Victories*)[3]

這是一部包括 20 部短片的法國電影,分別代表巴黎 20 個行政區,每部短片都呈現巴黎的特定場景,故事內容非常多樣,包括一個對於自己單身生活充滿抱怨的中年男人,在找尋停車位時邂逅了昏倒在他車旁的女人;瑪黑區畫室裡的年輕男孩,上演一章愛情是不用翻譯的;美國觀光客在巴黎地鐵站裡上演一幕地鐵驚魂記;唐人街髮廊女主人的奔放熱情;讓人心碎的太太的紅外套;默劇小丑圍繞著艾菲爾鐵塔的溫馨愛情故事;王爾德從墳墓裡跑出來,幫英國情侶破鏡重圓;塞納河畔一群擁有不同背景、不同信仰與文化的年輕人,但都深愛他們的共通語言;吸血鬼半夜出沒,遇見了愛情;懷抱演員夢的美國少女與視障男孩的愛情故事。整部電影傳達

---

[3] 電影、地景、觀光、小說。

了,來到巴黎,學會眞正說出:我愛你!其中第二區勝利廣場,描述失去愛子的母親,在午夜與愛子於廣場上重逢,這部短片複雜地使用聲音跟影像錯置,讓人掉入擬眞的時空感知錯覺,尤其令人動容。

「媽媽!媽媽!這世界上眞的有牛仔,我在書上有讀到。」

兒子生前的話依稀在媽媽的腦海中說著。午夜,媽媽彷彿又聽見兒子的聲音,追了出去,追到了第二區勝利廣場,但她卻看不到他的身影,反倒是見到了一個騎著馬的牛仔,問她是否有勇氣跟著他去看她兒子?兒子出現了,緊抱著牛仔不願讓他再離去。身後卻是傳來丈夫和女兒的呼喚,她知道她該放手,笑著看他跟著他生前最愛的牛仔慢慢消失在廣場的那頭。

在那廣場,母親擁抱了愛子,也擁抱了傷痛。解脫了愛子,亦解脫了自己。

4
遊蕩

我對自己的存在，似乎比妳還要存疑，只是妳給我的寧靜方式，也許有些錯誤。反覆的擁抱，反覆的虛無。心痛的我的冰冷，被蒸發的妳的淚水溫暖。妳顯然聽見了我，因爲我聽見了妳的安靜！灰亮天空的我的告別式，妳的優雅回禮是種幸福！

《一場夢》（Der Kuberlreiter）[4]

約瑟夫 K 做了一個夢。

那天天氣極好了，K 想去散散步，可當他剛邁出兩步，就已到了墓地。那兒有幾條蜿蜒曲折的路，看來若隱若現，撲朔迷離。他就在其中一條路上急速滑行，猶如在湍流上漂浮。遠遠地，他就注意到一座新墳丘，並想在那兒停留片刻。這座墳丘像是對他有種特殊魔力，他想以最快的速度趨近。可是偶爾他幾乎又看不見那座墳丘，因爲有些旗幟阻擋。那些旗幟舞動交互撞擊，雖然看不見旗手，但那兒似乎充滿歡呼。

當他將目光再次投向遠處，突地剛才的墳丘就在身邊，幾乎就在身後。他急忙跳進草叢，但腳下道路仍然持續飛奔，他左右搖晃難以穩住，正巧跪倒在那座墳丘前。墳丘後方駐立兩個男人，他們正舉起墓碑，幾乎沒等到 K 出現，就將墓碑深深插入泥裡，於是墓碑像被緊砌似的穩穩佇立。這時灌木叢中走出第三個男人，K 一眼就認出他是一位藝術家，那人只穿一條

---

[4] 小說、電影、地景、觀光。

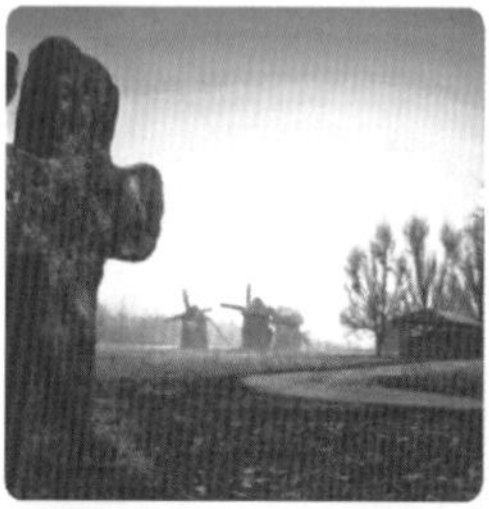

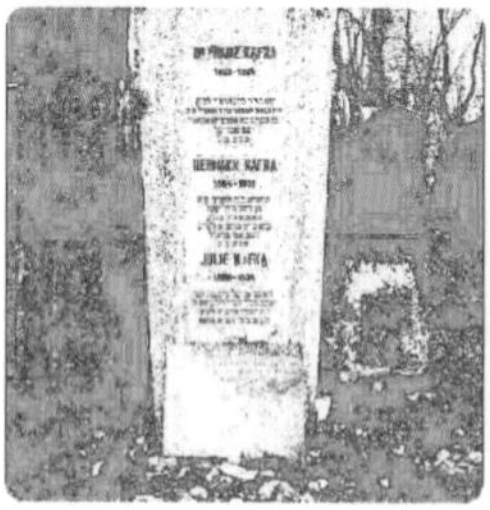

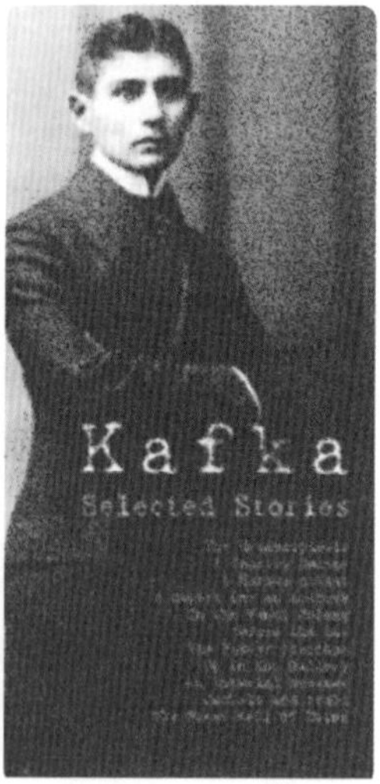
Kafka
Selected Stories

褲子和一件沒有扣好鈕扣的襯衫，頭上戴著一頂金絲絨帽，手裡握著一枝普通鉛筆，在靠近墳丘時，就在空中畫著圖形。

藝術家拿著筆開始在墓碑上寫字，墓碑很高，他根本不用彎腰，但得將身子前傾，因為這座他不願踐踏的墳丘正好將他與墓碑隔開。於是，他踮起腳，左手撐著碑面，右手做了熟練的動作，這枝普通鉛筆便在墓碑上寫出一行金字：「這裡安息著……」。每個字都如此清晰、漂亮、深刻並且都是純金。當寫完這幾個字後，他回頭看了看 K，而 K 此時正焦急地等著看後續碑文，根本無心注意那男人，只是盯著墓碑。果然那男人又開始書寫，但不知出了什麼滯礙，他無法再寫並放下筆，再次轉向 K。此時，K 也正看著藝術家，並發現他的神情充滿窘迫尷尬。K 也因此陷入窘境，他們互相交換目光，如此無奈無助。一種討厭的誤解將他們無情地隔開，誰也無法解除。墓地教堂鐘聲不合時宜地響起，藝術家揮舉手臂，鐘聲應時停下，片刻之後卻又開始響起。這次聲音很小，而且無人制止，藝術家就立即停筆，像是想檢驗一下聲音是否如常。K 對藝術家的處境感到難過，他開始哭泣，長時間用手摀嘴抽泣。藝術家等待著，直到 K 漸漸平靜後才決定繼續書寫。因為只能繼續書寫，別無他法。他寫下一小筆，對 K 是種解脫，然而，藝術家像是極不情願地才把這一小筆完成，字體不再秀麗，而且失去金光，變得蒼白無力，模糊不清，只是無把握地延伸，但是字母卻很大，這是一個字母 J。剛剛寫完它，藝術家就暴怒地伸腳踹向墳丘，踹得周圍泥土不斷向上飛揚。

終於，K 明白了並想求得藝術家原諒，只是為時已晚。藝術家用十指挖著泥土，泥土如此順從，一切像是早已預備，層層薄薄泥土只是做做樣子。挖開表土，立即出現一個牆壁陡峭的巨大墓穴。這時，K 感到一股輕柔氣流從背後推著，隨即墜入墓穴，當下被無底深淵吞噬。這時，他的名字帶著顯赫裝飾被刻在石碑。

他欣喜若狂，然後，他醒了。

LA VITA È BELLA
DAS LEBEN IST SCHÖN
ROBERTO BENIGNI
NICOLETTA BRASCHI

5
遊戲

幼稚的方法使人得救。在這糟到必須轉化為另類趣味的，不美麗人生。遊戲，是無法持續下去的持續。人生有時比地獄還地獄，沒有愛是結果，沒有愛的人生是地獄！

《美麗人生》（*La vita è Bella*）[5]

男主角基篤是一位猶太裔義大利青年，原本悠閒地坐在車上聽朋友吟詩，突地車輛剎車失靈，從坡道疾馳而下，奔向一群等待歡迎總理的民眾。基篤連忙揮手警告人群散開，卻被民眾誤認是總理的問候，原本可能招致的不幸及咒罵聲卻意外地因基篤揮舞的手勢而情勢丕變，民眾夾道迎接，歡呼不斷，無人受傷，而原本要迎接的總理駕到，雖然身著華服與名車，卻遲遲等不到民眾歡迎掌聲。

女主角朵拉，為了驅趕蜂群遭蜂螫從二樓摔落，恰巧落在基篤懷裡，原本的意外在基篤眼中像是天上掉下來的禮物，幽默而富有想像力的基篤想像自己是富有的王子，而朵拉是公主，他們擁有許多牛羊。

---

[5] 小說、電影、地景、觀光。

基篤申請書店營業資格遭效率低落的公務人員拖延，無心之下，基篤碰到窗檯盆栽掉落砸中官員，基篤連忙道歉，陰錯陽差地還附贈雞蛋讓官員自砸腦袋，連串意外恰似逗趣巧合，也促使基篤與朵拉再次相遇。現實中基篤在叔叔餐館中擔任服務生，因基篤急智與智慧過人，深獲喜愛猜謎的醫生客戶青睞，某天餐廳恰巧來了一位要到朵拉學校視察的督學，陷入愛情的基篤靈機一動，隔天搶先在眞督學到校前，跑到朵拉任教的學校假扮督學，此行任務是宣傳德國人是世上最優秀的種族，基篤因此脫下外衣跳上桌椅，露出肚臍在學童面前嬉笑，證明德國人眞是優秀種族，並在督學到校之際從窗戶逃跑，基篤幽默及不拘社會規條的作風令朵拉印象深刻。基篤刻意製造兩人相遇，有次並在奧芬巴哈歌劇結束時，藉機讓朵拉坐上自己的車，雖然他不會開車，十分鐘後車子就拋錨，天空下著滂沱大雨，朵拉裙子也被車門撕下大塊，但是基篤仍未被外在挫折影響，拿起枕頭幫朵拉遮雨、鋪起長長紅毯讓朵拉行走，並繞著朵拉唱歌，基篤熱情大膽的告白使得朵拉頓口無言，而跟基篤在一起時，朵拉發現身邊總有神奇巧合發生。

某天在基篤擔任大型宴會服務生時，發現朵拉也在場，基篤正想表現幽默讓朵拉印象深刻之際，卻發現朵拉已有婚約，當天正是朵拉的訂婚宴，一向習於急中生智的基篤頓時腦中一片空白。朵拉一面聽著校長宣揚著消滅猶太人可節省國家開支等誇張言論，一面望著有雙重性格且僞善的未婚夫，於是決定拋棄被強迫的婚約與基篤私奔，基篤騎著被噴上歧視言論的馬兒，在眾人鼓掌聲中彷彿王子載著公主離去。朵拉離開豪門大宅生活，與基篤共組家庭，並生下小男孩約書亞，過著平凡而幸福的生活。每天基篤載著朵拉到校教書，再跟約書亞回至自己營業的小書店，街上餐館已經出現「禁止猶太人與狗進入」標語，約書亞問為何猶太人與狗不能進入？

父親基篤一派輕鬆回答,每個人都有不喜歡的東西啊!他問約書亞不喜歡什麼,然後父子倆一起決定,要在店門口立起「不准蜘蛛和野人進入」標語。在約書亞 5 歲生日的這一天,從未謀面的外婆要到家裡用餐,媽媽朵拉接了外婆到家時才發現,準備好的茶餚、桌椅被打翻散落滿地,而基篤與約書亞不見蹤影,原來他們與基篤的叔叔都被迫坐上往集中營的車子。

基篤在車上開始編造故事,試著跟約書亞解釋,這一切都是為了他的生日所進行的長途旅行,是一趟精采的探險,他們訂了車位,要坐上沒有座位又很擁擠的火車,在周遭一片低沉靜默中,基篤更努力地以爽朗語氣製造情境,讓約書亞不致害怕受驚嚇。朵拉隨後也趕上前往集中營的火車,在她的堅持之下,一個有著冰涼藍色眼睛的蒼白德國軍官也讓她坐上火車,一家人都進入集中營,男女囚犯分隔兩地,抓住下車空檔,基篤向朵拉喊話,讓朵拉在絕望恐懼下知道基篤就在附近。基篤進入集中營後,全心讓小男孩約書亞相信他們正在進行一場累積 1000 分,就會得到真坦克的遊戲,他要約書亞躲起來,不讓所有軍官看見,躲得愈好、愈不哭鬧,分數愈高,基篤不讓集中營殘酷真相進入約書亞的生活記憶。

在集中營裡,小孩及老人被告知要洗澡,好使他們脫去身上衣物,集體進入毒氣室中,基篤叔叔與同車小孩都因此消失。被囚的猶太女人則整理著這些小孩與長輩所遺留的衣物,朵拉默默整理衣物時,廣播系統大聲響起,基篤趁機傳來了廣播,基篤熱情地跟他的公主打招呼,約書亞大聲開心叫著媽媽,朵拉得知基篤及約書亞都還活著,重新燃起希望。在集中營的身體檢查中,基篤遇見以往喜歡跟他玩猜謎遊戲的醫生,身為集中營醫官的他安排基篤擔任集中營餐會的服務生,令基篤升起透過醫官逃離集中

營的希望,他帶著約書亞前往餐會地點,要約書亞佯裝是德國小孩,不發出聲音並安靜吃著飲食,基篤與醫官透過小動作趁機交談,基篤告知醫官,自己的妻子也在集中營內,豈料醫官只是想請基篤幫忙解謎,並無意伸出援手,基篤不因此感到沮喪,餐會結束之後,他利用餐會音響播放奧芬巴哈船歌給遠在隔壁營房的朵拉聽,朵拉打開窗戶聽到基篤傳來的堅定愛意,不禁潸然淚下。餐會結束之後,基篤抱著熟睡的約書亞回營房,一片夜霧之中,卻誤入屍體如山的萬人塚。苦工的日子讓基篤苦不堪言,但他仍保持開心積極鼓舞著約書亞,要約書亞繼續忍耐,這樣才能得分獲得最後勝利,並告知約書亞聽到軍官殺老幼做成肥皂鈕扣的傳聞是假的,他以幽默化解約書亞的恐懼。在一個紛擾的夜晚,有囚犯趁隙逃跑,基篤見機不可失,便以最後勝利之名要約書亞躲進一個箱子中等待,要約書亞無論如何都要等在箱子中不能出來,如果爸爸沒回來,他要約書亞等到周遭都沒有人、沒有一點聲響時才能出來。

基篤佯裝成女囚潛入隔壁營房尋找朵拉,不料事跡敗露,被德國軍官發現,基篤被軍官用槍抵在背後指著,要帶到他處槍決,經過約書亞躲著的箱子時,他踏著滑稽的正步,佯裝是不小心被負責計分的軍官抓到。在離開約書亞的視線範圍之後,基篤就被槍殺了。躲在箱子內的約書亞一直等到隔天早晨,才知德國軍官都已離開,原來前一晚的紛擾是美軍即將解放集中營。約書亞張大嘴巴看著真正大坦克出現在眼前,他坐上美軍坦克車,他相信自己贏得 1000 分,大坦克是他的禮物。他在路上與媽媽重逢,大聲地嚷嚷著說他贏了!他得到大坦克了!

6
寧靜

只是沒有人幫我，否則，沒有半個人也無所謂。我沒有趕路，我就是趕路。移動的欲望，是我不動的慣性。折磨的肉體，讓我的靈魂昇華。那就請讓我靜一靜！

我得拚命的趕路，我才能待在原地！

《夏先生的故事》（*Die Geschichte von Herrn Sommer*）[6]

「請讓我靜一靜！」夏先生一生唯一的宣告！

夏先生總是每天不斷地趕路，無論是豔陽、大雨、颶風或下雪，終年未曾停歇的他，經常是人們茶餘飯後的話題：「夏先生為何非得到戶外走走？」不僅村民納悶，小男孩同樣疑惑。「他一定是患了空間恐懼症！」小男孩母親大膽的推測，「這種病無法靜靜待在屋裡，必須一直在戶外走著！」於是，小男孩推論「空間恐懼症就是無法靜靜待在房裡，因此必須一直在戶外走著！」「夏先生必須一直在戶外走著，因為患有空間恐懼症！」「夏先生必須一直在戶外走著，因為必須一直在戶外走著！」小

---

[6] 小說、地景、表演。

Patrick
Süskind
Die
Geschichte
von Herrn
Sommer
Mit Bildern von
Sempé
Diogenes

男孩左思右想，終至作出最簡潔的詮釋：「所以夏先生必須一直在戶外走著，因為如此他才能夠感覺快樂！」

很不幸地，某個大雨滂沱的夜晚，小男孩一家人開車巧遇夏先生，原本好意想邀他上車，他卻是憤怒地說出：「請讓我靜一靜！」顯然夏先生並不快樂，他並非因為快樂而出走。夏先生始終凝視地面，急走幾步然後抬頭，用他驚愕的雙眼直視前方，沿途只剩喃喃自語！對於夏先生這種重複的舉動，外界的目光也從驚異、習慣到冷漠。在此同時，小男孩逐漸長大，當他在某個未能如願與心儀對象同行回家的午後沮喪旅程，遠方赫然出現一個移動規律的小黑點，「沒錯，那是夏先生！」原本並未交集的軌道再次奇妙地擦身。

事實上這樣的巧遇，是因為小男孩無法正確彈出「升F」音的真實世界面對，關鍵只是為了避免誤觸琴鍵末端所遺留的鼻涕黏液，小男孩經過天人交戰，最終代價是被鋼琴老師咆哮出門，伴隨幾聲廢物的咒罵。小男孩認為自己遭受不公平對待，當他以為世界遺棄了自己，想用離開人世作為報復，因而爬到三十公尺高的樹梢，沿途思索自由落體方式時，他向下一望，夏先生正不偏不倚地坐在樹下，發出陣陣的呻吟與嘆息，短暫歇息的表情如此痛苦不安，四處張望後又揹起行囊邁步前行。相對於不斷趕路彷彿在逃避死神追逐的夏先生，小男孩有了頓悟，為了鼻涕而自殺是多麼愚蠢的事啊！而一直在趕路的夏先生似乎累了，最終選擇在湖泊了結一生旅程，小男孩親眼目睹這一切，沒有呼叫、沒有吶喊，只是靜靜地看著湖水逐漸吞沒了夏先生，直到他的那頂草帽漂流至湖心，然後消失！最終，沒有人知道夏先生去了哪裡？正如當初沒有人知道他為何要一直趕路？雨中的痛苦表情、森林深處的痛苦呻吟、一幕幕鮮活的記憶，還有那句「請讓我靜一靜！」小男孩了然於心，決定保留這個祕密。

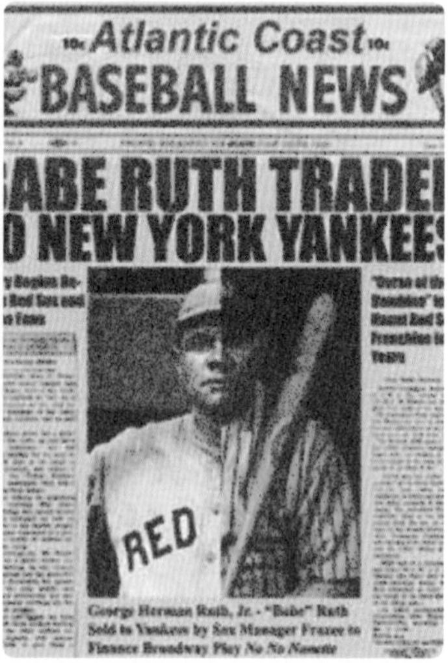

10¢ Atlantic Coast 10¢

BASEBALL NEWS

ABE RUTH TRADE
O NEW YORK YANKEES

George Herman Ruth, Jr. - "Babe" Ruth Sold to Yankees by Sox Manager Frazee to Finance Broadway Play *No No Nanette*

7
驅魔

這是得天獨厚的魔咒，使人癱瘓，又提供輪椅。驅魔，反而屢屢應驗。於是，眾人被帶到瘋狂邊緣。在市場，經濟的邪惡性不暴露。在運動，邪惡的經濟性也不暴露。也因此，反驅魔是驅魔的結果。

《紅襪貝比魯斯》（*Baby Ruth*）[7]

貝比魯斯魔咒，是美國史上最耳熟能詳，而且最具經濟價值的魔咒。但是，貝比魯斯魔咒並不是放諸四海皆準，這個魔咒其實只適用於紐約洋基隊與波士頓紅襪隊這兩支球隊而已。而這兩支球隊剛好又都是美國最財大氣粗、獲利最高的超人氣球隊。1919年，紅襪隊老闆佛瑞茲以當時的天價10萬美元，把貝比魯斯轉賣給紐約洋基隊，只為了支應他在戲劇事業上的投資。原本這只是一場正常的商業交易行為，然而，貝比魯斯魔咒於焉產生，他詛咒紅襪隊永遠無法再拿世界冠軍。

貝比魯斯在屈辱離隊之後，波士頓紅襪隊原本曾經拿過五屆總冠軍，包括勇奪美國棒球史上第一個兩聯盟總冠軍。但是，從1918年之後的長達八十五

---

[7] 職業運動、地景、觀光、博奕、電影、出版。

年裡，紅襪隊果真未能再次取得世界冠軍。反觀洋基隊在網羅貝比魯斯之後，不僅讓貝比魯斯成為洋基隊的超級幸運星，也先後 27 度在世界大賽封王，成為美國職棒史上戰績最輝煌的球隊，甚至有人說洋基隊不斷稱霸的原因，正是因為貝比魯斯的英靈長存於近百年歷史的洋基球場。

相傳當年貝比魯斯獲知被紅襪隊交易出去時曾說：「我詛咒紅襪隊在我死後一百年內永遠拿不到總冠軍。」不過，美國史學家在考證多年之後發現，貝比魯斯在以前是這樣說的：「我生在波士頓，我的兒子也在波士頓，我吃波士頓的肉、喝波士頓的酒，我是純正的波士頓人，我熱愛波士頓。」換言之，事實上貝比魯斯並未作出任何詛咒，儘管可以證實當年他確實非常憤怒。

無論如何，不管貝比魯斯魔咒是否真實存在，都應該來自於他對紅襪隊的不滿。事實上，2004 年紅襪隊已經取得世界大賽冠軍，意即貝比魯斯魔咒早已破解。而洋基和紅襪兩隊球員和球迷們，也都因為貝比魯斯魔咒之故，彼此仇視與衝突不斷，甚至結下長達八十六年宿怨。不過，也因為這樁美國職棒史上的最大恩怨，才促使洋基隊與紅襪隊的任何交戰，一直都是美國職棒最熱門的戲碼，既然仇家交戰如此熱門，也間接讓洋基與紅襪兩隊票房與人氣，始終維持熱門，這正是暴力與仇恨在市場上同樣具有經濟獲利的最佳典範。

文創的法則

8
離開

曖昧的街燈,被我投影成為鐵桶。悅耳的晚鐘,蓋過我吶喊的寂靜。我們的距離,不是靈魂的結果,而是妳的努力爭取。妳暗示沒有要離開,但是我要離開了。義無反顧地,離開了。

《鐵桶騎士》(*Der Kuberlreiter*)[8]

煤都用光了,煤桶都空了,鏟子沒用了,爐子散發涼氣,屋裡充滿嚴寒,窗外的樹在雪中僵立,天空猶如一面銀色盾牌,擋住任何求救。

我必須有煤!我不能凍死!我的身後是冰冷的爐子,面前是冰冷的天空。因此,我現在必須快馬加鞭,到煤販那裡尋求協助。對於我的一般請求,他一定會麻木不仁。我必須清楚表明,我連一粒煤渣都沒有,而他對我來說簡直就是天上太陽。我必須像乞丐一樣前去,因為饑餓,我無力地靠在門檻,煤販雖然氣憤,但他一定會在不可違犯的法律光芒照射下,不得不把一鏟煤扔進我的煤桶裡。

怎樣前去無疑會決定此行的結果,所以我騎著我的煤桶,就像騎士一樣,

---

[8] 小說、地景、觀光、電影、電視。

ERICH FITZBAUER

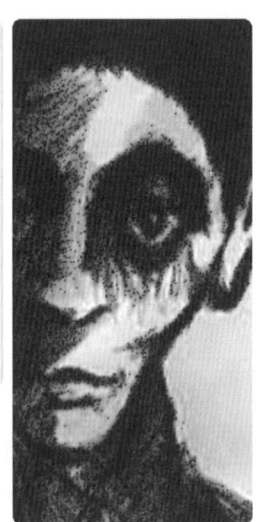

DER KÜBELREITER

VARIATIONEN ZU EINEM THEMA

108   *36 ideas to learn in cultural & creative industries*

我雙手抓住桶把,如同一個最簡單的彎具,費力地轉下樓梯。但是,到了樓下,我的煤桶就又上升,了不起!真的了不起!那些伏在地下的駱駝,在指揮者棍棒下悠悠晃晃地站立著。我以均勻的速度穿過冰冷街道,高度好極了,有幾次我被升到二樓高度,但從未降到門房那麼低。我異常地高高飄在煤販地下室門前,煤販正蹲在地下室一張小桌邊寫字,為了放掉屋裡多餘的熱氣,他把門敞開著。

「煤店老闆!」我急切地喊著,低沉聲音剛一發出,便被罩在呼出的哈氣中,在嚴寒中顯得格外混濁。「老闆,求你賞我一點煤吧!我的煤桶已經空了,我都能騎在它上面了。行行好,一有錢,我馬上付給您。」煤販把手搗在耳邊,「我沒聽錯吧?」他轉身問過妻子,她正坐在爐邊長凳上織著毛衣,「我聽對了嗎?有一位買主。」「我什麼都沒有聽到。」那婦人說,織著毛衣,平靜喘氣,愜意地背靠著爐子取暖。「噢,是的,」我喊道:「是我,一位老主顧,忠誠老實,只是當下沒法子了。」「老婆,」煤販說:「是有一個人,我不會弄錯的;一位老主顧,肯定是一位老主顧,說話才這麼中聽。」

「你是怎麼了,老頭子!」婦人把手中的活兒貼在胸前,停頓一下說:「誰也沒有,街道是空的,我們給所有客戶都供了煤,我們可以把煤店關門幾天休息。」「可我還在這兒,坐在煤桶上。」我喊著,沒有知覺的眼淚冷冰冰的,模糊了我的雙眼,「請您向上面看一下,您們會立刻發現我的,我求您們給我一鏟煤,如果您們能給我兩鏟,我就會高興得發瘋。其他客戶確實都關照了,但還有我呢!啊!但願您們能聽到煤在桶裡發出喀喀的滾動聲。」

「我來了，」煤販說著便邁起他那短腿走上地下室台階，可是婦人搶先一步站在他面前，緊緊抓住他的胳膊說：「你等著，若你堅持上去，那就讓我上去吧！想想你夜裡那嚇人的咳嗽聲，為了一樁生意，而且是臆想出來的生意，就忘了老婆和孩子，也不想想你的肺了。好，我去。」「告訴他，我們倉庫中所有煤的種類和價格，我在後面給你報上。」「好吧！」婦人說著，上了街道。當然她立刻就見到了我，「老闆娘，」我喊著：「衷心地向您問好。我只要一鏟煤，一鏟最差的煤，就放在這桶裡，我自己把它拉回去，我當然會如數付錢，只是現在還不行，現在不行。」「現在不行」這幾個字如同鐘響，又剛好和附近教堂塔尖傳來的晚鐘聲混合一起，足以令人魂飛魄散。「他想要點什麼？」煤販問道：「什麼都不要，」婦人向下面大聲喊：「外面什麼都沒有，我什麼都沒有看見，什麼都沒有聽見，除了六點鐘響。我們關門吧！天太冷了，也許明天我們又該忙了。」

她什麼也沒有聽見、什麼也沒有看見，但她卻解下圍裙，試圖用它把我趕走。遺憾的是她成功了。我的煤桶具有騎乘動物的一切優點，它沒有一點反抗力，它太輕了，一個婦人的圍裙能把它從地上趕走。「你這惡魔，」她半蔑視、半得意地在空中揮動著手轉身回店，我回頭喊著：「你這惡魔！我求你給一鏟最差的煤，你都不肯。」於是，我爬上冰山，讓自己永遠消失。

9
閱讀

無法閱讀,不是閱讀的過程,而是閱讀的後果。我不是缺乏理性,只是,為了無效的自尊,理性,讓我愈趨不理性。也許,在這不理性的世界裡理性,才是,我最大的不理性!

《為愛朗讀》(*The Reader*)[9]

二次世界大戰期間,15歲德國男孩在回家途中生了場大病,所幸大他21歲的電車女車掌打破冷漠,向他伸出援手。病癒之後,當他前往致謝,離去時卻被她的性感姿態迷惑不已。當下次再訪時,女人揭穿小男孩的意圖,直接帶領他進入美妙的性愛神祕世界。這段特殊的關係,並非彼此的年齡差距,而是每次親暱作愛之前,女人都會要求小男孩先朗讀一本書給她聽。然而,戀情結局卻是女人不告而別,音訊全無。

當兩人再次見面時,竟然已是法庭之上,小男孩已經成為大學法律系高材生,前來聆聽一場對於納粹集中營女衛警們的審判,她們被控在一場大火中對眾多猶太人見死不救,而小男孩的性啟蒙對象竟然也是其中一員。故

---

[9] 歷史、小說、電影、地景。

We make our own truths and lies....Truths are often lies and lies truths...

事至此突地將小男孩年少禁忌浪漫帶入沉重的歷史深淵。女人徒勞地為自己辯護，殊不知她註定要被入罪，因為唯有判刑，同代或未來的德國人才會去正視這段醜陋歷史。當女人在法庭上說出當時見死不救的冷漠來自於職責時，幾乎一語道出了德國人的集體罪惡。然而，她的坦誠卻在法庭上留下極壞的印象，也讓她過去的同僚順勢全將罪責推給了她。

原本年少浪漫初戀，當小男孩長大後卻發現對方如此不堪的過去，讓小男孩對於她的不告而別有了憎恨的理由，甚至有了不再與她見面的藉口。只是女人是否應該為她在面對人道前的冷漠而入罪，尤其當男主角驚覺女人之所以喜歡聽人朗讀，是出於自身的文盲缺憾，而這項缺憾也足以推翻法庭對她的指控，但是女人卻不願意提出時。人究竟該為何羞恥？是自己的不足，還是對於他人的殘酷？

《為愛朗讀》，讓人對於歷史洪流衝擊下的人性和道德提出犀利質疑。上一代冷漠造成屠殺，下一代冷漠成了想自外於歷史的逃避。也因此，當中年後的男主角重新用錄音機為女人朗讀，卻對她的改變（來信）不予回應，男主角是因為良心不安且餘情未了？還是唯一能縮小她在他心裡位置的出路？小說與電影藉此由男主角跟他疏於愛護的女兒之間的互動，甚至最後安排男主角於女人墓前，向女兒坦承這段他從未說出來的故事，而這塊墓地旁的景物，正是當年兩人出遊，女人曾經真情流露、感動落淚的地方。

YOU'VE GOT TO STICK TO YOUR PRINCIPLES — In Bruges

10
正義

象徵正義的有時很邪氣，展現背叛的有時很迷人。有些事只有經歷了，才會發現身不由己。價值的定義，屬於下定義者，不屬於被定義者。
定義有沒有對錯是一回事，定義的操作性有沒有對錯，又是另一回事。

《殺手沒有假期》（*In Bruges*）[10]

菜鳥與老鳥殺手搭檔——雷與肯，剛完成倫敦任務就被老闆哈利於聖誕節前夕放逐到比利時布魯日渡假。雷滿口咒罵著充滿中古童話建築和運河的古城，肯則扮演一位悠遊古城的稱職觀光客。兩位殺手沿途用扯淡風格辯證彼此不同觀點，他倆預計入住一家老闆娘待產的旅館，等候上級進一步指示。相較於肯的熱情，雷滿口批判並暗地裡在廁所落淚。白天遊河之後，他們在高塔之行的狹窄樓梯間被美國觀光客胖子一家以髒話回應。兩人喝著酒，雷要肯跟哈利說他們想回倫敦，肯則要雷先靜候。夜晚之際，雷與肯看到當地拍戲的侏儒演員吉米及美麗製片助理巧麗。雷悄悄潛入，用侏儒常因心理不平衡而自殺的話題來與巧麗搭訕。她笑說吉米素來喜歡被人叫作矮人，說完後便轉頭離去，並順手留下名片。

10　電影、地景、觀光、小說。

雷以陪伴肯一天旅遊，成功說服肯在當晚哈利來電時代為接電話，雷則去和巧麗晚餐。隔天肯與雷兩人來到存放基督之血的教堂，雷因拒絕排隊碰觸聖血而獨自走在街頭，當他想起自己上個任務：奉派去殺一名神父，在追殺逃出告解室的神父時，子彈卻意外貫穿神父身體，再射穿一名正準備接著告解的小男孩頭部。他們又一起看完整間充滿宗教意味的審判日壁畫，肯試圖以自己誤殺經驗安慰雷，雷卻怎麼也逃避不了良心譴責。當晚，雷與巧麗共進晚餐，巧麗說自己販毒，雷說自己是殺手，隨後巧麗離席去廁所，鄰座加拿大人則抱怨巧麗的菸味干擾了他與女友用餐。雷於是當場一拳打暈加拿大人，又一拳打倒拿酒瓶襲來的對方女友。雷帶著剛回座滿臉錯愕的巧麗離開，拚命解釋打女人是正當防衛，巧麗說自己要去打電話，雷直說她一定是要離他而去，但巧麗給了他一吻。

肯接起哈利的電話，哈利問他是否喜歡布魯日，肯騙哈利說非常喜歡，並告知雷一樣非常開心，於是哈利馬上給他一個指示：殺了不小心槍殺小孩的雷。雷跟巧麗在床上準備纏綿時，巧麗前男友艾利克忽然拿槍出現，但卻被雷一拳打倒，更嘲笑他是個窩囊廢。艾利克拿出小刀反擊，巧麗跟雷說手槍裝的只不過是空包彈，艾利克帶著微笑，持刀揮來，雷近距離用空包彈朝艾利克的左眼射擊，巧麗只好送艾利克到醫院，再給雷一吻，要他聯絡她。雷於是拿走了子彈跟毒品離去。

肯在酒吧遇見剛召妓的吉米，順口誇讚他眼光不錯。雷進入酒吧，說自己剛嗑了四克古柯鹼。雷質問正與妓女接吻的吉米為何早上不理他，吉米回說自己吸了太多馬用鎮靜劑，所以頭腦空白。幾個人一起找了個妓女在吉米房內吸毒，吉米扯到黑人與白人間將會發生世界大戰，雷說自己會因為越南人加入而站在黑人一邊，肯說自己的黑人太太被一名白人所殺，是在哈利幫助下才找到並殺掉凶手。臨走前，雷對著吉米脖子砍了一記手刀，讓他痛得倒地不起。

雷在哭泣中醒來，肯則出門去哈利所指示的地方拿走殺雷的手槍。回到旅館，老闆娘說雷把錢都送給了她與即將出世的嬰兒後就出門了。公園裡，肯找到坐在長椅上一言不發的雷。孩童們跑開，雷看了四周，肯則躲在陰暗處，專注地拿起手槍裝上消音器逼近雷。正要瞄準時，卻驚見雷也拿起手槍準備自殺。肯阻止了雷，兩人走入涼亭對談，雷哭倒在肯的懷裡，肯於是決定不殺這個年輕人。

回到旅館，肯看到雷留在旅館浴室裡自殺的紙條。肯說所有一切的安排都是為了讓雷有個美好的回憶。「為什麼是布魯日？」雷問。「因為比較便宜。」肯答。送雷上了火車，肯打了電話給哈利表明自己不殺雷的決心，讓哈利氣到砸爛電話，並跟妻子表示將隻身去布魯日處理一些面子問題。雷在火車上被先前遭他毆打的加拿大人認出，被帶回了布魯日。肯穿上西裝，等著迎接哈利。哈利向布魯日的槍械商拿了把手槍，瞎了一眼的艾利克也在那裡，並跟哈利抱怨自己想搶劫反而被雷用空包彈射瞎，哈利則說你是個孬種，只能怪自己。夜晚，肯好整以暇地坐在露天座位喝酒會見哈利。哈利坐下並詢問肯為何不殺雷，肯回答雷有自殺傾向，自己阻止了他。哈利說雷的死可以解決三個人的問題，更說自己如果意外殺死小孩，一定會當場把槍塞到嘴巴裡自殺。肯說雷有能力改變自己，哈利回嘴說自己也可以，肯則譏笑他只不過是個婊子，哈利因此大怒。兩人準備開戰，為了不影響在此渡假的外國人，兩人擇地而戰，肯建議鐘塔。

巧麗保釋了雷，雷說自己兩天後必須上法庭，卻沒有理由留下來開庭，巧麗用吻給了他理由。就在兩人深吻時，肯與哈利從他們的後面走過，邁向鐘塔。來到入口處，看守人說由於美國觀光客在塔頂心臟病發，鐘塔提前關閉。哈利於是拿出 100 歐元要賄賂，結果對方把錢丟向哈利的額頭，還用手指他的額頭再說一次：「塔今晚要關了，懂嗎？英國佬。」肯搖頭，繼續往前邁

步,哈利則用槍托痛扁看守人後打開鐵鍊上樓。艾利克看著兩人上去後走開。

巧麗和雷遇到了為電影劇情而穿著小學生制服的吉米而大笑。正在鐘塔上對決的兩人掏出了槍,肯卻將槍放在一旁推給哈利,說自己欠他太多,願意接受他想做的一切。哈利聞言不爽,立刻朝肯的腳開了一槍。吉米回去拍戲,艾利克看到談天的巧麗和雷,趕去鐘塔將此事告知正扶著肯下樓的哈利。兩人在樓梯拉扯,哈利難過地朝著肯的頸動脈開槍,「人不能期望殺了小孩後還想擺脫一切」,說完隨即離開。肯蹣跚地爬出一道血跡,終於爬上塔頂將身上的錢幣丟下,整整一下衣服,並在蘇格蘭風笛配樂下縱身一躍,跳下鐘塔。

警告了雷後,肯不久死去,留給雷的槍卻因撞擊而無法使用。雷拚命跑回旅館,哈利在後面不停用槍射擊。雷跑上房間找到槍,懷孕老闆娘不肯讓哈利進入。為了不傷及老闆娘,兩人協議一人往窗外跳,一人往大門跑,把一切交給命運。快速數三之後,雷跳出窗外,跌至路過的小船上,槍掉出口袋後就落入河裡。雖然距離很遠,但是哈利仍然命中雷的左胸,鮮血大量流出。重傷的雷下船後仍繼續逃跑,哈利緩步追上。雷跑進攝影現場,看到一個小孩身影停下,說了:「小男孩。」哈利說:「對,小男孩。」之後對他又開了數槍。雷倒下開始爬行,爬過一頂帽子,爬到頭已經被哈利的子彈打爆的吉米身旁。哈利看著屍體發呆,說了:「喔,原來如此。」然後把槍伸進自己的嘴裡扣下板機,雷來不及阻止。

在被送往救護車的路上,擔架上的雷看著他遇過的人一一從眼前晃過,包含大哭對著他衝來的巧麗。布魯日可能就是地獄吧!他想,只不過他還是希望能繼續活下去。

11
存在

妳不存在，一半的記憶也已經不存在。如果我不存在，那麼所有的記憶也將不存在。如果在悲傷和虛無之間，我寧可選擇悲傷。存在的妳，不存在。我逃過了心痛，也錯過了喜樂。不存在的妳，存在。

《不存在的女兒》(*The Memory Keeper's Daughter*) [11]

大衛是位完美主義的醫生，擁有一位貌美的妻子諾拉，新婚不久諾拉就懷孕了，兩人決定若生男孩叫保羅，若生女孩則叫菲比。兩人因為期待孩子而更顯美滿，只是直到分娩那一刻。原本擬幫諾拉接生的產科醫生途中發生車禍，大衛只好親自上陣替妻子接生。結果順利產下小男嬰與小女嬰菲比這對雙胞胎。大衛發現菲比有著教科書上所描述的唐氏症徵兆。出於種種原因，包括大衛的親妹妹瓊兒當年也因心臟毛病早夭，他不想再面對養育類似缺陷孩子的痛苦，於是請診所護士卡洛琳將菲比送往遙遠的療養院，並向妻子謊稱菲比夭折。然而，這個動作卻永遠改變了大衛一家人，也改變了護士卡洛琳。

---

[11] 小說、電影、電視。

"You missed a lot of heartache, sure. But David, you missed a lot of joy."

- The Memory Keeper's Daughter

事實上，大衛並不知道菲比並未送去療養院，當年卡洛琳從大衛手中接下菲比，也知道菲比的狀況，但她完全不能接受大衛的決定。卡洛琳原本出身於教養嚴格的家庭，個性害羞內向且暗戀大衛，直到某天在報上看見大衛結婚的消息，於是慢慢放棄追求幸福的想法。卡洛琳起初帶著菲比到了療養院，卻被院方的惡劣環境與漫不經心態度嚇到了，當下便決定自己養大菲比。由於大衛宣稱菲比已經死去，卡洛琳不得不帶著菲比離開診所遠走他鄉，離開了大衛和諾拉夫婦。為了菲比，她放棄原本安定的生活到陌生地方落腳。另一方面，諾拉從大衛口中聽到菲比已經死去，一方面沉浸於照顧小男嬰保羅的忙碌，一方面則陷入於菲比夭折的痛苦泥淖中。產後憂鬱症加上身邊的人彷彿刻意忽略菲比的存在與死亡，使得她在自責與抑鬱中無法掙脫。她需要大衛的支持與安慰，大衛卻忽略不敢面對，終日埋首工作，包括諾拉想替菲比舉辦追思也令大衛感到不悅，兩人溝通陷入困境。大衛無法好好和諾拉分享心情，明知諾拉需要肯定與支持，大衛也完全無法給予。自此大衛把菲比送走這件事，成為他到死都無法擺脫的陰影。出於期望的寄託和完美，他把心力全部投注於保羅身上，卻無法正視保羅本身的特質，大衛不贊同保羅喜歡的音樂，反而希望孩子愛打籃球，只不過保羅怎麼也沒興趣。於是，大衛在心裡豎起高牆，把自己與家人隔離。他雖然感到後悔也想彌補，卻總無法提起勇氣說出口。

諾拉與大衛漸行漸遠，雖然她曾經試圖改善彼此關係，並買了相機送給大衛，也試著跟大衛再生孩子，但是就連再生孩子都讓大衛感到焦慮並予以回絕，諾拉無法放下對於早夭菲比的思念，於是開始酗酒與外遇，用各種方法來轉移與麻醉失落，偽裝忙碌，抵抗無助。最後在妹妹的鼓勵和激勵下，諾拉開始從不同角度思考。原本害怕改變的她發現生活太過狹隘了，

於是接下旅行社業務員工作，當時適逢越戰抗議運動，這些抗議運動彷彿影射諾拉的內心，因此她決定從扮演母親和妻子的角色中出走。

卡洛琳自從帶著菲比展開新生活後，她變得堅強，為菲比抗爭。在那個年代，唐氏症小孩的教育都被忽略。卡洛琳全心全意愛著菲比，不讓菲比被歧視擊倒。她上圖書館找資料，並與其他唐氏症家長彼此鼓勵奮鬥，也找到一位很愛她，也愛菲比的丈夫。菲比在這樣的愛當中快樂成長。也許是因為發展遲緩的關係，菲比不對任何事感到憂慮，她喜歡聽著唱片翩然歌唱，對每個人都抱以熱烈笑容。多年之後，大衛從太太送給他的那台相機開始鑽研拍照，並成為知名攝影家。有一次攝影展上，卡洛琳出現與他會面，於是他知道了菲比現況。過去幾年雖然他陸續接到卡洛琳來信，卻從未提起勇氣回覆。他的內心始終對菲比懷有罪惡感，並飽受對妻子與兒子欺瞞的煎熬。當年謊言變成束縛一生的祕密。諾拉跟保羅雖然隱約感覺出與大衛之間的隔閡，卻怎麼也猜不出原因。隨著諾拉旅行社的業務蒸蒸日上，最後並成為旅行社老闆，從此她不再需要大衛，兩人終告仳離。大衛仍然死守祕密，除了只跟一個人說過，那是一位在老家遇見的蹺家少女。當時蹺家少女懷孕無處可去，大衛於是收容且毫無保留地把祕密和女孩蘿絲分享。當大衛和妻子分居後，他在新屋張羅一個房間給這位少女及其生下來的孩子傑克。大衛與蘿絲成為奇特的朋友，蘿絲讓大衛能有傾訴的出口。蘿絲也曾鼓勵大衛開口向諾拉坦白，可是大衛終究無法鼓起勇氣。最後，保羅成為優秀的音樂家，大衛常常偷偷跑去看他的演出，只是一直無法鼓起勇氣給孩子完整而正面的肯定。保羅從小到大不斷掙扎著要如何獲得父親認同，掙扎著要找到自己的定位。然而，與父親期望的落差終究成為彼此關係矛盾的根源。長年以來，他覺得自己不曾被接納。大衛心臟

病發死後，卡洛琳去了故居，並向諾拉說出菲比在世且健康活著的消息，這個埋藏四分之一個世紀的祕密，對於諾拉和保羅來說，不啻為一顆震撼彈。一方面，諾拉過去二十五年來的哀悼終可劃下休止，重要的是，她開始理解大衛為何無法與她深入溝通。這是諾拉和保羅展開療傷的開始。二十五年來，諾拉對於大衛的情感，夾雜著怨恨與不解，而今終於了解大衛是為了保護她才說謊。保羅知道這個消息以後，也同樣開始琢磨著妹妹可能帶來的意義，包括是否要去照顧一個沒有獨立能力的妹妹。幾經考慮之下，諾拉與保羅決定去匹茲堡見見這個未曾謀面的家人。長途跋涉的車程，諾拉也曾猶疑是否要出面，但是在保羅的一句：「都開了這麼遠的車，而且她還在等著我們。」他們終於見了菲比。出乎意料的是，菲比不但不是個需要照顧的累贅，渾身還散發出無比的歡樂與自信，當保羅去菲比的房間，兩人一起聽音樂與聊天，保羅被自己的妹妹徹底融化了。多年來他一直想要得到的認同和追求的快樂，都使他忽略自己擁有的一切，相較之下，他習以為常的事，菲比必須爭取也未必能享有，可是菲比卻無比的快樂，她對自己和生活感到滿意。保羅感到羞愧，妹妹的愛更治癒了他長久的缺憾。諾拉見到菲比以後，被卡洛琳的真誠與菲比的快樂所感動，她開始選擇原諒大衛犯下的錯。過去的事無法改變，她明白大衛在世時，每天都活在謊言帶來的巨大壓力。儘管他還是個成功的攝影家與醫師，卻無法光明正大地面對自己的妻兒。後來諾拉與再婚丈夫定居法國，而保羅與妹妹則就近居住在匹茲堡。

TWO MOON JUNCTION
"What's love got to do with it"

Bleaching my hair for Two Moon Junction... my hair was fried and I looked like an idiot.

12
曖昧

半個真相,若是半個謊言,那麼,半個謊言,就是半個真相。於是,兩個謊言加總,就是一個真相。愛情的唯美,尚未開始,無法辨識,沒有答案。

《激情交叉點》(*Two Moon Junction*) [12]

伊文是位成功的建築設計師,當事業青雲直上時,他的婚姻卻觸礁了。伊文的婚姻老了,十六年的麻木,喜新厭舊彷彿是凡人難以逃脫的本性,伊文也是一樣。

看似偶然,某天伊文走進拍賣行時,他看上了一個樣式別致的老鐘,最終將它買下,多半是那個女人所致。那個女人滿頭金髮,就像一團熱情的火,繚繞著伊文困頓的心,彷彿什麼鼓舞了他,他情不自禁地想要接近。這個女人擁有他妻子所欠缺的一切。伊文向前走近,她是一位雜誌社記者。

愛情總是如此美麗的開始。渾身散發著青春氣息的歐莉讓伊文感受到生命的激情和快樂。生活因此顯得格外有意義,他不止一次地對歐莉說,我愛

---

[12] 小說、電影、電視、表演。

妳。當一個男人如此說時,那是他瞬間的感受,在女人聽來就是一種承諾,一種可以永遠廝守的承諾。當伊文對歐莉說,給我時間時,那是一種退縮,他的婚姻還沒有走到盡頭,婚外情對他不完美的婚姻只不過是一種彌補。歐莉發現她和伊文的愛情像是一條不清亮的小溪。有點曖昧,有點踟躕不前,鬱悶已久的她決定孤注一擲。

那是一個盛大酒會,是伊文一個建築落成的大型發表會。伊文和精明能幹的妻子頻頻舉杯,掌聲、鮮花不斷,他們是事業的夥伴,他們不止一次地共享成功的喜悅,此時歐莉出現了。歐莉知道自己就像伊文背後的花朵,只在暗處開放。她知道自己的出現將意味著一種尷尬和一種難堪,但她借助酒力還是不合時宜的出現了,她終於見到伊文身後的那個背景——他的妻子和女兒。

那晚,紛紛揚揚的雨濕透了兩個人的心,也濕透了他們剛剛燃起又匆促熄滅的愛情,惱羞成怒的伊文虛榮心大作,他把歐莉趕出酒會,然後像扔掉一塊用舊的抹布般,將歐莉丟在路上,歐莉置身雨中,淒冷的淚眼看著伊文開車離去,她知道這就是自己唯一的選擇了。

這段婚外情似乎可以劃上句號了,在愛情和名利面前,虛偽的男人更看重後者。

仍是一個偶然,一夜掙扎未眠的伊文決定和歐莉分手,當他拿著那封絕交信準備丟入郵箱時,走來一個送牛奶的老人和女孩,那位有著一頭金髮的女孩很像歐莉,那一刻,伊文冰冷的心再次被挑動起來,一種溫馨快樂之

情又流進心裡，伊文發現自己已經回不去了，原來歐莉才是他的明天。明天又是一個嶄新的開始，想到這裡，激動不已的伊文立刻奔向電話亭，他對著歐莉用力吶喊出自己的發現、自己的感受、自己的決定，他們約好在博物館見面。

一個出乎意料的選擇，當伊文決定放棄的那一瞬間，他開始變得堅強果敢。只是伊文出了車禍，兩個為他而來的女人再度見面，伊文的妻子拿著伊文那封沒有寄出的信，她本來可以拿給歐莉，但卻沒有這麼做，她告訴歐莉，伊文什麼也沒說，我們都來遲了。她問歐莉：「妳是怎麼來的？」歐莉忍了忍說：「我是去博物館的路上看見了他的車。」歐莉說的不全是真話。善良的隱忍和寬容讓兩顆破碎的心都得到她們想要的，伊文還是愛著自己的。

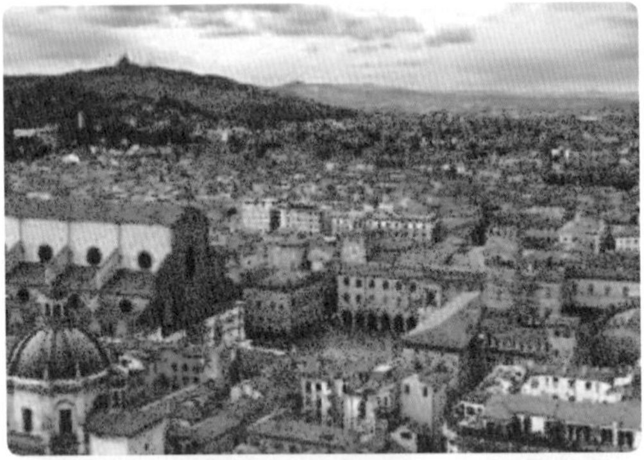

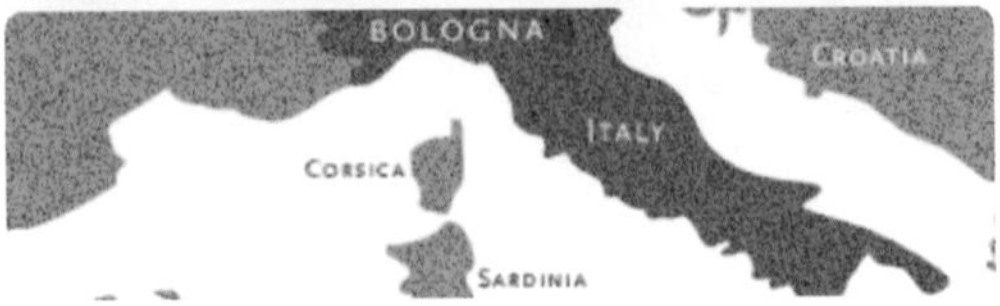
BOLOGNA
CROATIA
ITALY
CORSICA
SARDINIA

13
空凍

資本空間的進步,是沿著環形路徑前進。系列的事件和場景,同時抹去不再重寫,重複複製直到完美,直到逐漸侵蝕,終至失去靈魂。資本空間的進步,是開始動手就造出的廢墟。凍結的時空與人,或能重新尋求空間的意義。

歷史是在意過去的當下,當下是在意過的歷史感。

《波隆那》(*Bologna*)[13]

波隆那(Bologna)是位於義大利北部波河與亞平寧山脈之間的古城,該城建於西元前 534 年,當時稱為 Felsina,以牧羊業為主,直到西元前 4 世紀,羅馬人才占領該地改稱為 Bononia,當時城內已有 2000 個拉丁裔家庭。 西元 1 世紀克勞狄一世統治期間,一場大火毀了波隆那,歷經一段時間衰退,才於主教聖白托略(St. Petronius)統治期間重返榮耀。13 世紀間,波隆那已是歐洲大城,僅次於巴黎、威尼斯、佛羅倫斯與米蘭,居民數達到 6 至 7 萬。1348 年黑死病造成約 3 萬居民死亡。隨後波隆那受到米蘭維斯康蒂家族統治,直到 1360 年重回教宗控制。文藝復興期間,波隆那是義大利唯一容許女性獲取大學學位的城市。

---

[13] 歷史、地景、觀光、表演、時尚。

值得一提的是,直到 19 世紀初,波隆那都未進行大規模城市改建,所以它仍保有歐洲最好中世紀城市樣貌。儘管 1944 年遭受二戰大規模轟炸,波隆那廣達 350 英畝舊城區仍然擁有中世紀文藝復興與巴洛克藝術重要古蹟。走在波隆那街頭,仍能感受濃厚中世紀氛圍,每棟房子都是棕橘色,整個市區有超過 45 公里門廊騎樓,讓人可以遮雨避陽,聖路加拱廊是當今全球最長騎樓,長 3.5 公里,666 個拱。由於波隆那保存許多羅馬遺址,所以中央大街仍以步行為主。優雅和廣泛的商場或門廊更豐富城市景觀。

另外,1088 年建立的波隆那大學是歐洲第一所大學,也是歐洲現存最古老的大學。中世紀時期,它是歐洲重要學術中心,吸引了許多基督教知識份子。拿破崙時代,波隆那大學總部遷至目前位置,位於城市中心東北部。如今它是義大利第二大學,擁有 23 個院、68 個系和 93 間圖書館,學生人數超過 10 萬。波隆那大學在過去幾個世紀出現許多優異的學生,包括但丁(Dante Alighien)和哥白尼(Nicolas Copemicus),其他包括近代史知名的生物電力發現者路易吉伽伐尼(Luigi Aloisio Galvani),以及無線電技術先驅古列爾莫·馬可尼(Guglielmo Marconi)都曾在波隆那大學工作。最值得一提的名人是,安伯托艾可(Umberto Eco),他是當今全球知名的義大利學者及作家,他非常擅長中世紀學與符號學。除了學術著作之外,還著有大量小說和諷刺雜文等。最馳名作品為小說《玫瑰的名字》(Il Nome Della Rosa),艾可目前任教於博羅尼亞大學,居住在米蘭。目前波隆那仍然是一個大學城,開學時城市人口會從 40 萬膨脹到 50 多萬,包括大量海外學生。

14

鄉愁

我們沒有迷路，我們在這裡。外來者在意的，經常不是我是誰？而是這是哪裡？外來者經常容易忘記的是，還有這裡的存在！因為缺乏明顯的地標，因此經常感到世界空虛。外來者遠眺凝視前方，經常只看見空間的單調空洞，而我們卻看見了地方的想像。

《大稻埕》[14]

大稻埕，位於臺北市大同區西南方。在閩南語裡，埕代表空地和廣場，稻埕就是曬穀場。從清末至日據時代，大稻埕在經濟、社會及文化活動執全臺牛耳，不僅商業活動頻繁，也是人文薈萃之地。1851年，泉州移民林藍田為了躲避海盜從基隆搬到大稻埕，興建三棟閩南式建築成為大稻埕最早店鋪。1853年，艋舺發生「頂下郊拚」移民械鬥事件，頂郊泉州三邑人包括晉江、南安與惠安為了越過沼澤，竟然燒毀安溪移民信仰中心艋舺祖師廟，並偷襲下郊泉州同安人，同安人無力抵抗，先是北奔大龍峒，但不受當地同安移民接納，於是再轉大稻埕並沿淡水河建起毗鄰店屋，形成街市，重建廟宇，利用淡水河從事對渡貿易，形成以同安人為主的河港聚落區。此後臺北盆地附近如艋舺和新莊，每遇械鬥便有人逃抵大稻埕，在同安人街市外圍陸續建起漢人居住區。使大稻埕呈現四方雜處的開放包容，1856年，大稻埕建霞海城隍廟，奉祀同安鄉土神霞海城隍，標誌該區進入嶄新年代。

14　歷史、地景、觀光、電影、小說、電視、表演。

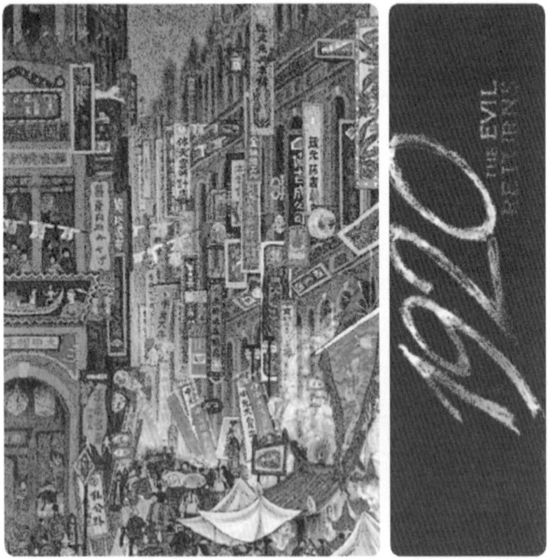
1920
THE EVIL

兩次英法聯軍之後，清廷開放安平與淡水為國際通商港口。淡水實際起卸口岸包括艋舺和大稻埕。由於艋舺日久河沙淤積市況漸衰，船隻大都停靠大稻埕，於是大稻埕逐漸取代艋舺成為北臺灣商貿中心。1865 年，英國人杜德來臺灣考察並引進泉州安溪烏龍茶苗，分別貸款給農戶栽種再收購茶葉烘培精製，開創臺灣精製茶葉之始。由於安溪烏龍茶味道甘美，英國維多利亞女皇品嚐後誇稱是東方來的美人，於是東方美人茶美名在國際高漲，歐洲人趨之若鶩。因此，包括德記、怡和、美時、義和與新華利等五大外商洋行，先後來到大稻埕設立分公司，向英、美等國輸出茶葉，茶市榮景從光緒年間延續至日據時期。在洋行帶領下的茶葉貿易，迅速造就大稻埕驚人財富。1897 年，日本總督府調查大稻埕茶商高達 252 家，經濟帶動也導入異國風格建築、宗教等文化。1882 年，清法形勢吃緊，臺北計畫築城的城址就在大稻埕和艋舺之間。1885 年，中法議和，清廷決意臺灣建省並由劉銘傳任首任巡撫，大稻埕以其占北臺灣貨物集散中心優勢，立即成為興建臺北火車站首選。最後，劉銘傳選定大稻埕南端（前鐵路局遺址）興建「臺北火車票房」（今臺北車站前身），此舉更帶動附近商街繁華。此外，劉銘傳也在大稻埕設茶釐局與軍裝機器局等公家機構，該區形成特殊的官府建製區。臺北於是逐漸在政經地位勝過臺南，成為臺灣第一大城。此時，板橋林家林維源與當地買辦李春生合資在大稻埕開闢建昌街（今貴德街），興建洋樓店鋪作為外僑區並出租給外商使用，此後各國領事先後在此設立，商機蓬勃洋風鼎盛。

第一次世界大戰結束，全球興起各式新興思潮。日本帝國掀起要求民主的大正民主運動，當時臺灣知識份子在殖民政府統治下，更深刻感受這股新思潮衝擊。於是許多新嘗試和活動，都先在富庶的大稻埕登場，然後再向全臺擴散。對於臺灣新文化運動開展貢獻極大。例如，淡水戲館、港町文化講座、永樂座等都是盛極一時的文化活動地點。永樂座是大稻埕最負盛名的戲院，

除了傳統戲曲以外，也是現代話劇上演舞臺。現今靜修女中大禮堂則是當時領導臺灣文化革新、社會改革運動的臺灣文化協會成立大會地點。

1905 年，日本殖民政府推動歐化景觀，希望一掃舊清時期陳腐印象，大稻埕於是被稱為本島人市街。茶商、布商、貿易商集結帶動經濟成長與娛樂生活，廟埕前民戲從未停歇，眾多廟宇戲館與藝人聚集，大稻埕亦有戲窟之稱，日後北管布袋戲風靡，許多布袋戲團皆設於涼州街上，稱為涼州布袋戲街。今天大稻埕給人最深印象則是見證昔日風華的迪化老街，以及一年一度熱鬧非凡的年貨大街，日據時期暢貨包括南北雜貨、茶行、米業與中藥等。永樂市場及附近布行更是建立臺灣 1960 年代經濟奇蹟的紡織工業大本營，儘管目前多已凋零。大稻埕著名的霞海城隍原是泉州同安居民的鎮守之神。現今奉祀霞海城隍主神並配祀 38 義勇公，即為自艋舺護送金身至大稻埕途中受襲死難者等。另外，大稻埕法主公廟，為 1869 年安溪茶商所建，崇奉茶葉守護神法主真君，與大稻埕霞海城隍廟、大稻埕慈聖宮合稱大稻埕三大廟。

大稻程也是歷史慘劇 228 的原爆點，小販林江邁被毆處──天馬茶房，即在法主公廟對面原美人座大酒家左邊騎樓柱，現址已改建成大樓。另位於延平北路二段 135 巷是早期地方有名的花街巷，經陳水扁時代大力掃黃，現已不復存在。另外，臺灣基督長老教會大稻埕教會，主體建築為李春生參酌福建廈門西方傳教士所建之教堂所建。早期大稻埕雖是臺灣新文化啟蒙地，但在通俗文化也有傲人成績，各處總有京劇、話劇、布袋戲與歌仔戲上演。歷經數十年沉寂，如今大稻埕也規劃歸綏戲曲公園，提供各種地方劇一個適當表演舞臺。總的來說，從 1920 年日人實施行政區域改制，廢除臺北廳直轄之艋舺、大稻埕與大龍峒三區，設臺北市隸於臺北州。儘管大稻程已沒落，但不因此成為歷史名詞，它依然留在臺灣人世代相傳的口碑與記憶裡。

15
馬車

愛馬仕是傳統產業，她與現代科技背道而馳。環繞於馬車用具，是她的進步與對傳統的堅持。如同少數人無法從寫信抽離，在這移動多媒體當道的時代，他們依然抗拒與反進步。他們喜愛傳統的筆記本，甚且無理地收集所有色彩。儘管現代只剩下觸覺的誘惑，關鍵仍在於，那差異的手感與觸摸。

《愛馬仕》（*Hermès*）[15]

愛馬仕（HERMÈS），是法國著名時裝及奢華品牌，她一直秉持卓越絢爛的設計理念，創造優雅的傳統典範。1837年，愛瑪仕最初以馬具產品工房創立，隨後因預期汽車發展將使馬車需求衰退，於是重心逐漸轉移到皮夾及手袋事業。愛瑪仕商標是創辦人 Thierry Hermès 從愛馬仕博物館中阿弗雷德·德勒（Alfredde Dreux）水彩畫中獲得靈感，該畫描述小馬伕正在一輛維多利亞式雙座馬車等待主人，此畫後來也成為香水 Caleche 的裝飾標誌。愛瑪仕於巴黎創立之後，包括法國拿破崙三世和俄國皇帝都是忠實顧客。Thierry 孫子即公司第三代負責人 Emile-Maurice Hermès 將事業版圖朝向多角化經營。1890年代開始，以製作馬具技術為基礎，愛瑪仕作出第

---
[15] 時尚、電影、表演、小說。

*Enter
the Luxurious World*

ERMÈS
PARIS

一代手提袋 Sac haut-à-croire。1927 年推出手錶。此後包括服飾、裝飾品及香水等部門陸續開展。所有產品設計、製造及銷售皆由總公司統籌規劃負責，完全不假他人之手。1920 年代，愛瑪仕積極拓展手提袋、絲巾、手套、珠寶及手錶等品項，並於紐約開設第一家海外專賣店。1950 年代羅伯特・迪馬（Robert Dumas）接掌，陸續推出香水、領帶、西裝、瓷器、男女服飾和桌飾等系列商品，讓愛瑪仕成為全生活方位的品味龍頭。1975 年取得 John Lobb 鞋廠授權，其他包括靴子與帽子等優秀品牌相繼被愛瑪仕網羅。在愛瑪仕 14 種業務中，依重要性排列，皮革產品居首，接著是絲綢及製錶位居第四，然後才是香水和珠寶等。值得一提的是，愛瑪仕絲巾色彩多樣手工考究，經常成為明星商品。自 1937 年第一條絲巾問世至今，愛瑪仕已推出超過 900 款絲巾。一條愛瑪仕絲巾最多會用到 40 種顏色，從設計到完成需要一年半時間，出廠前更有超過 40 人檢查小組監控每條絲巾品質。愛瑪仕標準絲巾尺寸是 90×90 公分，真絲精製可作腕上手鐲、別在肩上、環繞頸間，或以蝴蝶結繫於手提袋上。過去聖誕節期間，愛瑪仕平均每三十八秒賣出一條絲巾，可見受歡迎的程度。

愛瑪仕極具人氣的皮革包款：凱莉包和柏金包。凱莉包最早於 1935 年開始販售，初期品名為 Sac-à-croire，是改良原附掛於馬鞍附屬袋成為仕女用產品，梯形線條搭配雙袋扣設計附上半圓短提把。材質從鱷魚皮、鴕鳥皮到小牛皮，尺寸齊備適於各種場合。後因摩納哥王妃女星葛莉絲・凱莉（Grace Kelly）於懷著卡洛琳公主時，出席一個公開場合，被美國 *Life* 雜誌拍到以該款包包遮掩微凸腹部，該包於是聲名大噪。經過王妃同意，Sac-à-croire 遂於 1955 年正式改名 Kelly。凱莉包從選皮、染色、剪裁到縫合全部手工，需費時三天完成。皮包內側都會標示工匠代碼，後續維修與

保養，都由同一個工匠負責。也會縫上客戶的英文名字，講究的工序與服務，使得價格居高不下，全部必須預訂，有時甚至要等待數年之久。

與凱莉同樣具有超高人氣的柏金包，同樣有一段趣聞。某次愛馬仕總裁於飛機上，鄰座巧遇英倫出生但走紅法國的女歌手 Jane Birkin，她因經常需要到各地巡演，希望有個方便攜放嬰兒用品的袋子，於是促成了柏金包的誕生。柏金包有軟硬兩款及三種尺寸。在休閒風潮高漲的今天，適於旅行易於搭配且充滿時尚感的柏金包深受青睞。另因容量大與易放文件，追求品味的職場女性也把它當作公事包。今天愛馬仕在全球擁有 80 多家子公司，跨涉製造批發零售與物流管理三大事業，包括皮革用品 HERMÈS Sellier、手錶 La Montre HERMÈS、香水 HERMÈS Parfums。愛馬仕全球擁有200家專賣店、56個零售專櫃，為了保有一貫品味與形象，所有產品設計製作與每家專賣店格局設計，包括陳列櫃都是在法國原廠訂製後空運至各地，期望保持公司百年的歷史堅持。

16
選擇

這邊或那邊？現實或虛構？透過死抱力抗那邊的魅惑，我使盡全力讓自己留在這邊。內心深處和地下世界的黑暗舒適，有時撫慰，溫柔，讓我療痛，我需要但又無法絕決往前。人生總是選擇的問題，選擇代表著放棄，被放棄的永遠是那邊的最美，總比這邊來的更多幽清。

《獵人格拉庫斯》（*Der Jäger Gracchus*）[16]

兩個男孩坐在碼頭的牆上擲玩骰子。那尊揮舞戰刀的英雄陰影之下，有一男子坐在紀念碑台階上看報。井邊有位女子正為她的大木桶灌水。一個水果商躺在他的貨物旁，兩眼望著湖面。透過門窗小洞，可以看到小酒館深處有兩個男人喝著葡萄酒。店主坐在前方小桌邊打瞌睡。一艘平底船彷彿被托在水面上，悄然飄進這個小港。一個穿藍色套衫的男人跳上岸，將纜繩套進鐵環。另外兩個男人身著綴銀鈕扣深色外套，抬著一副屍架出現在水手身後，罩在屍架上那塊帶著鮮花圖案和流蘇大絲單下，分明躺著一個人。

碼頭上誰也不關心這些剛抵達的人，甚至當他們放下屍架等候還忙著繫纜繩的船長時，也沒有人走近，誰也不問他們問題，誰也不仔細打量他們。

---

[16] 小說、電影、電視、地景。

140   *36 ideas to learn in cultural & creative industries*

這時甲板上出現一個頭髮鬆散、懷抱孩子的女人，船長因為她又耽誤了一陣子。後來他過來，朝著水邊右側一棟兩層樓房一指，抬屍架的人便抬起屍架，穿過那道低矮卻由細柱構成的大門。一個小男孩打開一扇窗，正好見到這些人消失在那棟房子裡，他又趕緊關上窗。連大門現在也關上，它是用深色橡木精心裝潢的。在此之前，一群鴿子一直圍著鐘樓飛，現在牠們落在那棟樓房前面。彷彿牠們的食物存放在屋裡，鴿子全擠在大門口。一隻鴿子飛上二樓，啄著窗戶玻璃。這些淺色羽毛動物無比機靈活潑。那女人興沖沖地從甲板上朝牠們拋撒穀粒。牠們啄起穀粒，然後朝女人那邊飛去。

有好幾條又窄又陡的小巷通向港口，一個頭戴大禮帽、臂帶黑紗的男子順著其中一條走下。他細心打量四周，什麼他都操心，看到一個角落裡堆放的垃圾，他的臉都變了樣。紀念碑台階上扔著一些水果皮，他路過時順手用手杖將它們挑下。他敲了敲房門，同時摘下大禮帽拿在戴著黑手套的右手。門立刻打開了，大約五十個小男孩在長長的走廊裡夾道而立，行著鞠躬禮。

船長從樓梯走下迎接這位先生，領他上到二樓，並帶著他繞過一個由簡單小巧的敞廊圍成的院子。孩子們敬畏地隔著一段距離簇擁在後面，他倆一路走進了最後頭的一間涼爽大廳，這棟房子對面再也沒有別的房子，只能見到一堵光禿的灰黑色岩壁。抬屍架的人正忙著在屍架前頭擺放幾支長蠟燭並將它們點燃。然而，這並沒有帶來亮光，只有酣睡的黑影被驚醒，搖著晃著跳上四壁。絲綢單子已從屍架上揭開。一個男人躺在那裡，頭髮鬍鬚亂成一團，膚色黝黑，樣子像個獵人。他躺著一動也不動，雙眼緊閉，好像不會喘氣了。

儘管如此，也只有周圍的環境表明，他可能是個死人。

那位先生走向屍架,將一隻手放在躺在那裡的人的額頭上,然後雙膝跪下祈禱。船長示意抬屍架的人離開屋子,他們走出去,趕走聚在門外的小男孩,然後關上了門。但那位先生似乎覺得這種寂靜還是不夠,他望著船長,船長明白他的意思,從一個側門走進隔壁房間。屍架上的人立刻睜開眼睛,露出痛苦的微笑,將臉轉向那位先生說:「你是誰?」跪著的先生並不驚奇地站起來答道:「里瓦市長。」

屍架上的人點了點頭,軟弱無力地伸出胳膊指著一把扶手椅,待市長順從他的邀請坐到椅子後,他說:「這我以前知道,市長先生,但我總是立刻就把一切忘得乾乾淨淨,一切都在和我兜圈子。最好還是由我來問,儘管問什麼我都知道。您大概也知道,我是獵人格拉庫斯。」「毫無疑問,」市長說:「關於您的事是昨天夜裡有人告訴我的。當時我們早已睡了。午夜時分我妻子喊道:『薩爾瓦托,快看窗邊那隻鴿子!』那的確是隻鴿子,不過大得像隻公雞。牠飛到我耳邊說:『已故獵人格拉庫斯明天要來,請以本市名義接待他。』」獵人點了點頭,舌尖在雙唇間閃了一下:「是的,那些鴿子是在我之前飛來的。不過,市長先生,您認為我該留在里瓦嗎?」

「這我還說不上來。」市長回答說:「您死了嗎?」

「不錯,」獵人說:「就像您所看到的。那還是多年以前,不過這很多年肯定是個大數目,在黑森林,那是在德國,在追一隻岩羊時,我從一塊岩石上摔了下來。從那時起我就死了。」

「可是您也還活著。」市長說。

「在某種程度上,」獵人說,「在某種程度上說我也還活著。我的死亡之舟行錯了航線,一次錯誤的轉舵,船長恍神的那一瞬,我那美麗的故鄉的吸引力,我不知道那到底是什麼,我只知道,我依舊留在這世上,我那小舟從此就行駛在塵世的水域裡。我就這樣漫遊著,本來只想住在自己山裡的我,死後卻遍遊世界各國。」

「您有一半在那個世界上吧?」市長皺起眉頭問。

獵人答道:「我總是在一個通往高處的巨型台階上。在這廣闊無邊的露台台階上,我到處遊蕩,一會兒在上邊,一會兒在下邊,一會兒在右邊,一會兒在左邊,永遠處在運動之中。獵人已經變成一隻蝴蝶。您別笑。」

「我沒笑。」市長辯解說。

「非常明智。」獵人說:「我總是處在運動中。可就在我最振奮時,就在高處那座大門已經朝我閃閃發光時,我卻在我那艘寂寞地滯留在世某個水域裡的舊船上醒來。當年我死亡時犯下的原則性錯誤在船艙裡不住地嘲笑我。」尤莉亞,就是船長的妻子,敲了敲門,將早晨的飲料送到屍架旁,那是我們正沿其海岸航行的那個國家早晨用的飲料。

「我躺在一塊木板上,觀賞我可不是一種享受,身穿一件骯髒的屍衣,灰白色的頭髮、鬍子亂得梳都梳不開,腿上蓋著一塊帶花圖案和長流蘇披巾。靠頭的這邊豎著根教堂裡用的蠟燭照著我。我對面牆上有幅小畫,畫的顯然是一個非洲土著布須曼人,他用一根投槍瞄準我,並儘量隱蔽在一面畫得極美的盾牌後面。乘船時人們總會碰到一些愚蠢的畫,而這幅則是

最愚蠢的之一。此外,我那木籠子裡空空蕩蕩。側面艙口吹進溫暖的夜南風,我聽見浪花拍打著那艘破舊的平底船。」

「前獵人格拉庫斯在故鄉黑森林追獵一隻岩羊時摔了下來,從那以後我就一直躺在上面。整個過程有條不紊。我追獵,失手摔下,在一個山谷裡流盡鮮血,成了死人,那艘平底船本該將我送往冥界。我還記得,第一次在這塊木板上伸展四肢時我有多麼高興。當時還朦朧的四壁聽我唱的那種歌,故鄉的群山從未聽過。」

「我活得愉快,死得高興。踏上小船之前,我終於拋掉那可惡的小盒、口袋和獵槍,以前我總是自豪地帶著它們。我迅速套上屍衣,就像一個女子穿著嫁衣。我躺在上面等著,後來就發生了那件不幸的事。」

「可真倒霉。」市長像是抵擋著什麼似的,抬起手說:「您對此就沒有一點過失嗎?」

「沒有。」獵人說:「我曾是個獵人,這能算是一種過失嗎?我是黑森林的獵人,當時那裡還有狼。我潛伏起來,開槍射擊,擊中獵物,剝下獵物的皮,這也算一種過失?我做這些是受過祝福的。『黑森林偉大的獵手』就是我。這也是一種過失?」

「我沒有資格就此決斷,」市長說:「不過我覺得過失不在於此。但到底是誰的過失呢?」

「是那個水手的。」獵人說:「誰也不會看到我將在這裡寫下的東西,沒

有人會來幫我。假如幫我完成了一項任務，那麼所有房子的所有門窗都將緊緊關閉，所有的人都將躺在床上，用被子蒙住頭，一家夜間旅店即是整個世界。這樣倒好了，因為誰也不會知道我，即使知道，我也不會知道我的逗留地，即使知道我的逗留地，他們也知道不可能將我留在那裡，他們不知道如何幫助我。要幫助我的想法是一種病，必須治癒才能下床。」

「我對這些一清二楚，因此我從不呼喊別人來救我，儘管我在某些無法自制的時候非常想要這樣做，比如現在。然而，只要我環顧四周，具體想像一下我現在所待的地方，幾百年來一直居住的地方──大概我可以這樣說──恐怕就足以打消這個念頭了。」

「非同尋常，」市長說：「非同尋常……您打算留在里瓦嗎？」

「不想留。」獵人微笑著說。為了沖淡嘲諷的味道，他將手放在市長的膝蓋上。「我現在在這裡，除此之外，我什麼也不知道、我什麼也不能做。我的小船沒有舵，它靠從冥界最深的地方吹來的風行駛。」

延伸閱讀

Baby Ruth(2015). Retrieved from http://eportfolio.lib.ksu.edu.tw/~4000W045/calendar?node=000000147

Bocock, Robert (1993). *Consumption*. London: Routledge.

Bologna (2015). Retrieved from https://zh.m.wikipedia.org/zh-tw/%E5%8D%9A%E6%B4%9B%E5%B0%BC%E4%BA%9A.

Caves, R. E. (2000). *Creative Industries: Contracts between Art and Commerce*. Harvard University Press.

Chih-Kai Chen (2010). Application of Multidimensional Scaling on Culture Industry. *Journal of Statistics and Management Systems*, Vol. 14, No. 2. 315-339.

Chih-Kai Chen (2011). Intellectual Property Licensing and Value Creation of Culture Industry. *Journal of Information and Optimization Sciences*, Vol. 32, No. 4. 827-844.

Chih-Kai Chen (2011). Relation between the Releasing and the Domestic Rentals on the U.S. Major Film. *Journal of Discrete Mathematical Sciences & Cryptography*, Vol. 14, No. 6. 537-558.

Chih-Kai Chen (2012). Application of Hierarchical Linear Modeling on Structure and Performance in Culture Industry. *Journal of Statistics and Management Systems*, Vol. 15, No. 4-5. 435-455.

Chih-Kai Chen (2012). Hierarchical Linear Relationship between the U.S. Leisure and Entertainment Consumption. *Technology in Society*, Vol. 34, No. 1. 44-54.

Dadaocheng (2015). Retrieved from https://zh.m.wikipedia.org/zh-tw/%E5%A4%A7%E7%A8%BB%E5%9F%95.

Dennis McCallum (1996). *The Death of Truth: What's Wrong with Multiculturalism, the Rejection of Reason and the New Postmodern Diversity*, Bethany House.

Die Geschichte von Herrn Sommer (2015). Retrieved from http://lovegodbalisi.blogspot.tw/2008/06/blog-post_23.html（仲夏的夏先生，提摩太）

Guy Julier (2007). *The Culture of Design*. London: Sage.

Hartley, R. F. (2003). *Management Mistakes and Successes*, 7e. John Wiley & Sons.

Hermes (2015). Retrieved from https://zh.m.wikipedia.org/zh-tw/%E6%84%9B%E9%A6%AC%E4%BB%95.

Hesmomdhalgh, David (2002). *The Cultural Industries*. London: Sage.

In Bruges (2015). Retrieved from http://luketsu.pixnet.net/blog/post/22260323-%E7%B2%97%E9%84%99%E7%9A%84%E5%BF%83%E7%A2%8E-%22%E6%AE%BA%E6%89%8B%E6%B2%92%E6%9C%89%E5%81%87%E6%9C%9F%22（豺遊民：粗鄙的心碎——殺手沒有假期）

Tomlinson, John (2007). *The Culture of Speed: The Coming of Immediacy*. London: Sage.

Kafka (2015). Retrieved from http://novelscape.net/wg/k/kafuka/index.html（王敏、周新建）

White, Kit (2011). *101 things to learn in art school*. The MIT Press.

La vita è Bella (2015). Retrieved from http://mariachen316.pixnet.net/blog/post/18967363. 2013.11.13（Maria看電影之羅貝托貝里里的美麗人生）

Manguel, Alberto (2008). *The City of Words*. House of Anansi Press.

Featherstone, Mike (2005). *Consumer Culture and Postmodernism*, 2e. SAGE Publications Ltd.

Orpheus (2015). Retrieved from http://mizuya.pixnet.net/blog/post/22150280-%E3%80%90%E5%B8%8C%E8%87%98%E7%A5%9E%E8%A9%B1%E3%80%91%E8%AD%9C%E5%87%BA%E6%82%B2%E6%9B%B2%E7%9A%84%E5%A4%A9%E7%90%B4%E5%BA%A7%E2%94%80%E5%A5%A7%E8%8F%B2%E6%96%AF%EF%BC%88orp（譜出悲曲的天琴座奧菲斯的故事，妖界誌）

Ray, Paul (1989). *The Cultural Creatives: How 50 Million People are Changing the World*. New York: Harmony Books.

Virilio, Paul (2009). *Esthétique de la disparition*. LGF.

Appignanesi, Richard and Chris Garratt (2005). *Introducing Postmodernism*, 3e, Naxos Audiobooks.

Barbera, Robert J. (2009). *The Cost of Capitalism:Understanding Market Mayhem and Stabilizing Our Economic Future*, McGraw-Hill.

Storey, John (1999). *Cultural Consumption and Everyday Life*. London: Arnold.

Taj Mahal (2015). Retrieved from http://blog.udn.com/queenelizabeth3/699934（泰姬瑪哈陵的故事，薰壺遙想）

The Reader (2015). Retrieved from http://movie.kingmedia.com.tw/movie_critic/?r=6062&c=BA0001（聞天祥影評）

Throsby, David (2001). *Economics and Culture*. Cambridge, UK: Cambridge University Press.

Vogel (2007). *Entertainment Industry Economics*, 7e. Hal, UK: Cambridge University Press.

Wikipedia (2015). *Hermes, Bologna, The Memory Keeper's Daughter, In Bruges, The Reader, Kafka, Baby Ruth, Die Geschichte von Herrn Sommer, La vita è Bella, Paris Je t'aime: Place des Victories, Orpheus, and Taj Mahal* Retrieved from https://zh.wikipedia.org/wiki.

Yung-Teen Chiu & Chih-Kai Chen (2013). Application of the Hierarchical Linear Model on the Gambling Revenues Comparison between Las Vegas and Atlantic City. *Journal of Interdisciplinary Mathematics*, Vol. 16, No. 2-3. 97-116.

Yung-Teen Chiu & Chih-Kai Chen (2014). Hierarchical Causal Model of Intellectual Property and Licensing. *Journal of Information and Optimization Sciences*, Vol. 35, No. 3, 275-289.

Zygmunt Bauman (2005). *Work, Consumerism and the New Poor*, McGraw-Hill.

郭翠華（2012），《世界經典電影筆記》，臺北：新銳文創。

陳智凱（2011），《後現代哄騙》，臺北：博雅書屋。

陳智凱（2011），《娛樂——解構文創》，臺北：藍海文化。

陳智凱（2006），《知識經濟》，臺北：五南。

陳智凱（2010），《消費是一種翻譯》，臺北：博雅書屋。

陳智凱、邱詠婷（2013），《消費——浪漫流刑》，臺北：巨流。

陳智凱、邱詠婷（2014），《哄騙——精神分裂》，臺北：巨流。

邱詠婷（2013），《空凍》，臺北：博雅書屋。

插圖出處

PART 1　策略

1. 反幻覺（The best ancient greek ruins in italy's mainland: paestum © walks of italy. Retrieved September 25, 2015, from https://www.pinterest.com/pin/176555247865284674/）
2. 反穿越（http://archive.wired.com/table_of_malcontents/2007/01/franz_kafkas_li/ and http://www.snipview.com/q/The_Bucket_Rider）
3. 反長尾（Understanding the long tail © www.kellyocg.com. Retrieved September 25, 2015, from http://www.kellyocg.com/Blogs/Understanding_the_long_tail/#.VgS6sc uqpHw）
4. 靈媒和臥底（A Psychic Story © ovetrekker.com/ Retrieved September 25, 2015, from https://bbsradio.com/podcast/fireside-chat-july-11-2015）
5. 不同媒體轉換（The visionary thought of Marshall McLuhan © Tom Wolfe. Retrieved September 25, 2015, from http://www.openculture.com/2015/03/the-visionary-thought-of-marsha ll-mcluhan-demystified-by-tom-wolfe.html）
6. 卡桑德拉詛咒（The Cassandra Memorandum: Google in 2013 © Gianluca Fiorelli. Retrieved September 25, 2015, from https://moz.com/blog/the-cassandra-memorandum-google-in-2013-16218）
7. 巴別塔神話（The legendary tower of babel © www.ancient-origins.net. Retrieved September 25, 2015, from https://en.wikipedia.org/wiki/Tower_of_Babel）
8. 非主流是未來主流（The Shark and the Iceberg © peggyriley.com. Retrieved September 25, 2015, from http://peggyriley.com/2015/09/06/the-shark-and-the-iceberg-2/）
11. 半公共財特質（Grow Your Business by Developing a "Hug" Your Customer Mentality © businessmarketingsuccess.com. Retrieved September 25, 2015, from http://businessmarketingsuccess.com/2011/04/21/grow-your-business- by-developing-a%E2%80%9Chug%E2%80%9D-your-customer-mentality/）
12. 進入障礙門檻（Liberals dream about utopia-but hate the history of the united states © clashdaily.com. Retrieved September 25, 2015, from http://clashdaily.com/2015/07/liberals-dream-about-utopia-but-hate-th e-history-of-the-united-states/）
13. 非標準化顛覆（© Erik Gunnar Asplund & Sigurd Lewerentz. Retrieved September 25, 2015, from http://www.everystockphoto.com/photo.php?imageId=2128048）
16. 價值是節點平方（Metcalfe's law and social media: size does matter © www.christopherspenn.com. Retrieved September 25, 2015, from http://www.christopherspenn.com/2010/12/metcalfes-law-and-social-m edia-size-does-matter/）
17. 文本媒體匯流（A reader on reading 2011 © Yale University Press. Retrieved September 25, 2015, from http://www.amazon.com/A-Reader-Reading-Alberto-Manguel/dp/0300172087）

19 剩餘極小化（Cognitive Surplus: How Technology Makes Consumers into Collaborators © Penguin Books; Reprint edition 2011. Retrieved September 25, 2015, from http://www.amazon.com/Cognitive-Surplus-Technology-Consumers-Coll aborators/dp/0143119583）

21 智財權交易所（Steven Spielberg © www.biography.com. Retrieved September 25, 2015, from https://en.wikipedia.org/wiki/Steven_Spielberg）

22 夢境溶解清醒（A Dream of Poe-The Mirror of Deliverance © naturmacht.com. Retrieved September 25, 2015, from http://www.metal-archives.com/reviews/A_Dream_of_Poe/The_Mirror_of_Deliverance/296061/）

24 節目用來干擾廣告（Super bowl commercials 2015. Retrieved September 25, 2015, from http://www.adweek.com/adfreak/newcastle-unveils-its-smorgasbord-su per-bowl-ad-featuring-37-different-brands-162567）

25 出路是迷路（The Maze Runner 2014 @ Gotham Group Temple Hill Entertainment TSG Entertainment. Retrieved September 25, 2015, from http://ivansud76com.ipage.com/2014/12/06/the-maze-runner-triology- pdf/）

26 開始動手的廢墟（The best ancient greek ruins in italy's mainland: paestum © walks of italy. Retrieved September 25, 2015, from http://stlouispatina.com/paestum-1/）

28 不可預測的表演（Letter to Mariano Rivera © Joshua Lavine @ JZLavine. Retrieved September 25, 2015, from http://www.allsportstalk.net/mlb-baseball/letter-mariano-rivera/20953）

31 經典是連續暢銷（Phantom of the Opera © ludustickets.com. Retrieved September 25, 2015, from http://ludustickets.com/phantom_of_the_opera.php?event=Phantom+o f+the+Opera）

32 心理需要地理歸屬（出自大稻埕電影[2014]. Retrieved September 25, 2015, from http://eleanorgo.pixnet.net/blog/post/172554252-%E2%96%8C%E5%A4%A7%E7%A8%BB%E5%9F%95%E2%96%8C2014%E6%96%B0%E6%98%A5%E7%88%86%E7%AC%91%E8%B3%80%E6%AD%B2%E7%89%87%EF%BC%81%E5%90%8C%E8%83%9E%E8%A6%81%E5%9C%98%E7%B5%90）

33 不同時空轉換（11 Unserious Photos of Albert Einstein © mentalfloss.com. Retrieved September 25, 2015, from http://mentalfloss.com/article/49222/11-unserious-photos-albert-einstein）

34 藝術文化針灸（The best ancient greek ruins in italy's mainland: paestum © walks of italy. Retrieved September 25, 2015, from http://stlouispatina.com/paestum-1/）

35 去管制是更高階的管制（© www.qigaipo.com. Retrieved September 25, 2015, from http://www.qigaipo.com）

36 複雜來自於矛盾（Franz Kafka's Live Journal © John Brownlee. Retrieved September 25, 2015, from http://archive.wired.com/table_of_malcontents/2007/01/franz_kafkas_li/）

PART 2　轉換，

2　回首（Orpheus in the underworld ⓒ Josef Weinberger. Retrieved September 25, 2015, from http://www.josef-weinberger.com/musicals/musical/orpheus-in-the-und erworld-dunn.html）

3　幻境（Paris Je t'aime: Place des Victories ⓒ Canal+ Victoires International. Retrieved September 25, 2015, from http://www.fanpop.com/clubs/paris-je-taime/picks/results/781417/place-des-victoires-yay-nay）

4　遊盪（Der Kuberlreiter ⓒ Beim Bau der Chinesischen Mauer. Retrieved September 25, 2015, from http://www.lameduckbooks.com/shop/go/23205AB/）

5　遊戲（La vita è Bella 1997 ⓒ Cecchi Gori Group. Retrieved September 25, 2015, from http://www.imdb.com/title/tt0118799/.）

6　寧靜（Die Geschichte von Herrn Sommer ⓒ Entdeckt! Der Amazon Autoren-Preis. Retrieved September 25, 2015, from http://www.goodreads.com/book/show/2900.The_Story_of_MR_Sommer）

7　驅魔（Baby Ruth ⓒ https://www.pinterest.com. Retrieved September 25, 2015, from https://www.pinterest.com/sportsman602/babe-ruth-quotes/）

8　離開（The Bucket Rider ⓒ Beim Bau der Chinesischen Mauer. Retrieved September 25, 2015, from http://www.snipview.com/q/The_Bucket_Rider）

11　存在（The Memory Keeper's Daughter 2005 ⓒ Penguin Books Doubleday Dell Publishing Group. Retrieved September 25, 2015, from https://en.wikipedia.org/wiki/The_Memory_Keeper%27s_Daughter）

12　曖昧（Two Moon Junction 1988 ⓒ Lorimar Film Entertainment. Retrieved September 25, 2015, from https://en.wikipedia.org/wiki/Two_Moon_Junction）

13　空凍（Bologna ⓒ Retrieved September 25, 2015, from http://www.comune.bologna.it/）

14　鄉愁（出自大稻埕電影[2014]. Retrieved September 25, 2015, from http://eleanorgo.pixnet.net/blog/post/172554252-%E2%96%8C%E5%A4%A7%E7%A8%BB%E5%9F%95%E2%96%8C2014%E6%96%B0%E6%98%A5%E7%88%86%E7%AC%91%E8%B3%80%E6%AD%B2%E7%89%87%EF%BC%81%E5%90%8C%E8%83%9E%E8%A6%81%E5%9C%98%E7%B5%90）

15　馬車（Hermes Commercial 2015 ⓒ hermes.com. fr. Retrieved September 25, 2015, from https://en.wikipedia.org/wiki/Herm%C3%A8s）

16　選擇（Der Jäger Gracchus ⓒ BookRix GmbH & Co. KG. Retrieved September 25, 2015, from https://www.youtube.com/watch?v=44PydgLF5Rc）

151

文創的法則 / 陳智凱、邱詠婷著. -- 1 版. -- 臺北市：
臺灣東華, 2016.1

152 面；14.8x21 公分

ISBN 978-957-483-850-9 (精裝)

1. 文化產業 2. 創意

541.29　　　　　　　　　　　104027248

文創的法則

著　　者	陳智凱、邱詠婷
發 行 人	卓劉慶弟
出 版 者	臺灣東華書局股份有限公司
地　　址	臺北市重慶南路一段一四七號三樓
電　　話	(02) 2311-4027
傳　　眞	(02) 2311-6615
劃撥帳號	00064813
網　　址	www.tunghua.com.tw
讀者服務	service@tunghua.com.tw
直營門市	臺北市重慶南路一段一四七號一樓
電　　話	(02) 2382-1762
出版日期	2016 年 1 月 1 版

ISBN　　978-957-483-850-9

版權所有・翻印必究　　　圖片來源：www.shutterstock.com